逆向盈利

解锁无限财富

丁文飞　吴静莉◎编著

新疆文化出版社

图书在版编目（CIP）数据

逆向盈利 / 丁文飞, 吴静莉编著. -- 乌鲁木齐：
新疆文化出版社, 2025. 5. -- ISBN 978-7-5694-4938-9

Ⅰ. F275.4

中国国家版本馆CIP数据核字第2025BM3195号

逆向盈利

编　著 / 丁文飞　吴静莉

策　　划	张　翼	封面设计	天下书装
责任编辑	张启明	责任印制	铁　宇
版式设计	摆渡者文化		

出版发行　新疆文化出版社有限责任公司

地　　址　乌鲁木齐市沙依巴克区克拉玛依西街1100号（邮编：830091）

印　　刷　三河市嵩川印刷有限公司

开　　本　710mm×1000mm　1/16

印　　张　8

字　　数　90千字

版　　次　2025年5月第1版

印　　次　2025年5月第1次印刷

书　　号　ISBN 978-7-5694-4938-9

定　　价　59.00元

前　言

在当前复杂多变的商业环境中，许多企业家都在苦苦探索如何突破瓶颈，提升企业的盈利能力。然而，传统的盈利模式往往只能在市场初期或爆发阶段发挥作用，随着竞争加剧和市场成熟，企业逐渐进入微利期甚至无利期。如何在这种情况下生存并实现持续盈利，成为摆在每个企业家面前的难题。

商业界中的盈利模式可以分为两个大类：正向盈利和逆向盈利。

正向盈利是指通过提升收入和降低成本来实现利润最大化的传统模式。然而，在当今的市场环境中，许多行业已不再处于高速增长期，而是进入微利期或无利期，正向盈利模式逐渐失去了其效用。

以零售业为例，早期的电商行业就是"暴利期"的典型代表。前几年，电商平台正处于快速扩张阶段，市场竞争较少，消费者的购买需求旺盛，企业无需复杂的营销手段便能获取大量利润。然而，随着竞争加剧，流量成本上涨，单一的商品销售利润逐渐被压缩，许多电商企业开始面临微利甚至亏损的局面。此时，依赖传统正向盈利模式的企业逐渐被淘汰，而那些采用创新型盈利模式的企业则能够在激烈的市场竞争中脱颖而出。

在这种情况下，逆向盈利成为了众多企业扭转局面的关键。

所谓逆向盈利，指的是通过颠覆性创新、流程优化、资源整合等手段，创造出新的盈利模式，尤其是在市场进入成熟期甚至衰退期时，仍然能够保持盈利。通过逆向思维，企业不再追求简单的收入增长，而是专注于如何在有限资源下实现效益最大化，甚至在市场萎缩的情况下保持盈利。

逆向盈利的核心在于挑战传统思维，从竞争对手忽略的领域中找到新的机会。例如，在许多行业逐渐饱和的情况下，企业应关注那些已经被认为"无利可图"的细分市场或运营方式，发掘其潜在价值。

以共享经济为例，网约车的成功便是逆向盈利的经典案例。传统出租车行业一直通过规模化和成本控制实现盈利。然而，网约车通过将私家车变为盈利工具，打破了出租车行业的垄断。公司通过逆向思维，不仅降低了固定资产的投入，还激发了消费者的全新需求，创造了全新的盈利模式。

此外，逆向盈利强调资源整合与系统优化。在激烈的市场竞争中，单纯依靠扩大投资和增加人力资源往往是不可持续的。在这种情况下，如何高效整合资源、优化现有系统成为企业实现逆向盈利的关键。

在本书中，我们将详细探讨六大逆向盈利模式，每一个模式都基于大量的市场调研和成功企业的实践经验，旨在为企业家提供切实可行的指导。简要的以其中两个为例：

1.产品导向的逆向盈利

首先，企业需要从产品本身出发，通过创新设计和功能升级，找到新的盈利增长点。例如，GL公司不仅依赖于其硬件销售，还通过应用商店和服务业务，构建了生态系统，形成持续的盈利能力。这种模式打破了传统的单一产品盈利模式，实现了逆向盈利。

2.品牌驱动的逆向盈利

品牌的力量在企业盈利中起着至关重要的作用。许多企业通过品牌溢价实现了高于市场平均水平的利润率。例如，奢侈品行业通过打造品牌价值，使其产品的定价远超实际成本，但仍然受到消费者的追捧。

在未来的商业环境中，企业要想实现长期稳定的盈利，必须摆脱传统的盈利思维，拥抱逆向思维的创新理念。逆向盈利不仅是一种盈利模式，更是一种商业哲学，它要求企业不断挑战常规，寻找新的增长点。

本书的目的不仅是为企业家提供一个系统化的盈利模型，更希望激发读者的逆向思维能力，使他们能够在任何市场环境中找到属于自己的盈利机会。无论市场是处于繁荣还是衰退期，逆向盈利的策略都能为企业提供新的解决方案，使其在激烈的竞争中立于不败之地。

目　录

第一章

产品导向的盈利模式

第二章

品牌价值驱动的盈利模式

第三章
商业模式创新的盈利

第四章
运营管理与系统化盈利

第五章
资源整合的盈利模式

第一章
产品导向的盈利模式

产品导向的盈利模式是一种以产品为核心，通过提供高质量、创新性产品来实现盈利的商业模式。

其核心理念是，企业专注于产品的研发、生产和改进，认为只要产品足够优秀，市场和利润将随之而来。

企业在这一模式下更在乎产品的创新、成本控制和质量产出，会试图用尽可能低的价格抢占市场，以此实现收入的增长。

然而，产品导向的盈利模式也有其挑战。企业需要承担高研发成本，且可能忽视市场需求的变化，导致产品不符合买家需求。此外，过度依赖"薄利多销"的策略，可能会导致市场极度内卷而不具有利润空间。因此，企业在采用这一模式时，必须保持对市场动态的敏感性，及时调整产品策略，以确保持续盈利和市场适应性。

第一节　产品创新与研发

在当今竞争激烈的商业环境中，针对产品的创新和研发已经成为企业寻求市场突破的关键手段。其所指的不仅仅是对现有产品的改进，更包括对行业规则、技术标准乃至用户需求的重新定义。许多国内外的成功企业，依靠颠覆性产品设计，不仅赢得了用户的青睐，还开创了全新的市场空间。

一、颠覆性产品设计

颠覆性创新的概念最早由学者克莱顿·克里斯坦森在其著作《创新者的窘境》中提出。根据克里斯坦森的理论，颠覆性创新并不是针对市场现有主流产品的简单升级，而是通过引入新的技术或商业模式，为那些没有被传统产品和服务覆盖的用户提供全新的解决方案。

这一理论的核心在于，不是所有创新都能够被现有的市场领头羊接受或快速响应。相反，许多颠覆性的产品设计往往起步于细分市场或边缘市场，通过满足特定群体的未满足需求逐步成长，最终占领主流市场。对于中国企业而言，尤其是在技术飞速发展的当下，依靠这一模式，企业可以通过"错位竞争"获取先发优势。

L品牌汽车的成功就是颠覆性产品设计的典型案例。与市场上主流的纯电动汽车不同，该款汽车通过增程式技术解决了电动汽车续航短的痛点。这种设计在充电设施不够完善的国内市场尤为有效，使得该款汽车投放市场时迅速成为国内中高端电动汽车市场的宠儿。

这款汽车不仅在技术上进行了创新，在产品的整体用户体验设计上也有所突破。通过整合智能化系统，实现了无缝的驾驶体验，从车内环境、导航系统到驾驶辅助，全面提升了用户对智能汽车的期望值。这一颠覆性设计使得该款汽车在激烈的电动车市场中脱颖而出。

在这个案例中，该款汽车就是抓住了"新能源汽车"的行业风口，通过突破性的技术研发，实现了新能源汽车市场的高占有率，并在2023年交出了净利润为118.1亿元的优秀答卷。

由此可见，颠覆性产品设计对产品导向的盈利模式至关重要，因为它能够通过创新突破现有市场格局，创造新的需求和增长机会。颠覆性设计通常打破传统思维，以全新的技术、功能或用户体验重新定义产品类别，进而改变消费者的预期和行为。对于依赖产品核心竞争力的企业来说，颠覆性设计不仅可以让它们在竞争中脱颖而出，还能迅速获取市场领先地位。

在产品导向的盈利模式中，通过推出独特、创新的产品让企业能够跳出现有市场的红海竞争，开辟全新的蓝海市场。例如，某著名手机公司就是通过手机全面屏化的设计颠覆了传统手机市场，改变了人们对手机的认知和使用方式，使其成为全球领先的科技公司。通过这样的产品创新，企业不仅能提升自身的市场竞争力，还能持续吸引消费者，从而实现长期稳定的盈利。

二、颠覆性设计的核心要素

颠覆性设计往往能重新定义消费者对产品的期望，带来超越传统的使用价值。这种设计的核心要素包括对用户需求的深度挖掘、技术和商业模式的创新、市场定位的差异化和商业生态的建构，它们共同驱动企业在激烈的市场竞争中实现持续增长与保持领先地位。

1. 用户需求的深度挖掘

不同于传统设计强调的"增量式改进"，颠覆性设计往往针对的是用户现有需求未被满足的部分，或者挖掘出用户潜在的需求。

以某家居企业为例，其 2023 年公布的财报数据显示年零售总额为 476 亿欧元（约 3650.92 亿元人民币），年增长率 6.6%，其中中国市场是增长最快的市场。

市场的稳步增长，除了因为产品外形设计风格简约且实用，更重要的是其抓准了中国年轻一代用户的痛点。其独特的简单拼接设计，不仅符合年轻人对便捷生活方式的需求，还与他们注重个性化和经济性的消费观念相吻合。模块化设计，让用户可以按照说明书轻松进行组装，无需专业工具或技能。这种"自己动手"的方式不仅省去了传统家具安装的复杂流程，还让年轻人体验到 DIY 的乐趣和成就感。其次，家具的拼接设计使其易于搬运和拆卸，非常适合频繁搬家或处于租房状态的年轻群体。

总而言之，通过可拼接的设计为用户提供了灵活性和经济性，同时也契合了现代年轻人对简约、实用与自我表达的追求。

2. 技术与商业模式的创新结合

颠覆性设计不仅仅局限于技术层面的创新，它还需要与商业模式的创新相结合。许多成功的颠覆性产品，不仅在技术上有所突破，还通过新的商业模式重新定义了行业规则。

一国外品牌汽车通过开发高性能电池技术和电动驱动系统，成功打造了续航能力强、动力性能出色的电动汽车，打破了传统内燃机汽车的技术壁垒。此外，自动驾驶技术，也是其技术创新的重要组成部分，进一步增强了汽车的智能化和用户体验。

与此同时，该企业也打破了传统汽车销售的经销商模式，采取了直销模式，通过官网和自有门店直接向消费者销售，削减了中间成本，提升了客户体验。

该企业的成功不仅依赖于其技术上的领先，还通过创新商业模式降低了成本、提升了客户体验，并开辟了新的盈利渠道。这种技术与商业模式的结合，帮助该企业在电动汽车市场中迅速崛起，成为行业的领导者。

3. 市场定位的差异化

颠覆性产品设计的产品往往会根据市场进行差异化设计，通过针对不同细分市场的特点入手，与市场巨头避开直接竞争。

D 公司通过推出"易于操作、性价比高"的消费级无人机，如 Phantom 系列和 Mavic 系列，瞄准了无人机爱好者、初学者以及业余摄影师等群体。这些产品不仅价格相对亲民，还拥有简单易用的操作界面和强大的拍摄功能，使得消费者能够轻松上手，拍摄高质量的航拍照片和视频。

同时，D 公司还推出了专业级无人机（如 Inspire 系列和 Matrice 系列），面向电影制作、农业、测绘和安防等行业的专业用户。这类无人机配备了高端的相机、复杂的飞控系统以及强大的续航和负载能力，能够满足专业用户对高精度和多功能性的需求。

这种差异化市场定位帮助 D 公司牢牢把握了市场份额，既覆盖了广大的普通消费者，又满足了行业内专业用户的需求。通过这种双向差异化定位，D 公司在无人机市场中建立了全面的覆盖和市场主导地位，确保了产品的广泛应用场景和市场渗透率。

4. 商业生态的构建

在今天的商业环境中，单一的产品设计已经无法长久维持竞争优势。颠覆性产品设计的最终目标是构建一个完整的商业生态，通过软硬件结合、服务创新和用户参与，形成闭环。

DY 公司作为一款短视频平台，依靠内容创作者持续输出有趣、有价值的视频内容，吸引了海量用户的持续关注和使用。用户活跃度和黏性极高，使其积累了庞大的流量资源。2020 年，DY 公司创新性地将短视频与电商无缝整合，通过"短视频 + 直播带货"的模式，用户可以在观看视频时直接购买产品，简化了从种草到购买的路径。这种方式通过短视频和直播展示商品的使用场景、效果，提升了用户的购物体验和转化率。

DY 公司利用强大的算法和人工智能技术，对用户的观看习惯、兴趣爱好进行精准分析，推送个性化的商品和内容。这样的精准营销使得其在带货环节中，能够提高用户与商品的匹配度，提升购物转化率，从而推动整个生态的高效运转。

通过构建"内容 + 社交 + 电商"的商业生态，不仅创造了新的购物体验，还打通了从内容创作到消费转化的全链条。这种生态系统中的每个参与者——用户、创作者、商家和平台，都能在这个生态中找到自己的利益点，实现共赢。

第二节　成本控制与优化

随着资源的日益紧张和消费者需求的不断变化，企业必须在确保产品质量与服务水平的同时有效地控制成本。能做好成本控制与优化的企业才能够在资源有限的情况下，最大化地发挥其生产力和效益，以及提高竞争力和盈利能力。

一、降低生产成本的策略

在当今竞争日益激烈的市场环境下，通过有效的成本控制，企业不仅可以提升市场竞争力，还能提高利润空间，为后续的创新和发展提供资源支持。以下是几种降低生产成本的策略：

★精益生产与流程优化

精益生产是一种致力于减少浪费、提高效率的生产管理方式，最早由丰田汽车提出，并在全球广泛应用。

其核心思想是消除一切不增加产品价值的活动，最大限度地利用资源。中国有许多制造业企业也已经开始应用精益生产，尤其是在家电、电子、汽车等行业。

HE 集团作为中国领先的家电制造商，通过采用"零库存"管理模式，与供应链上下游企业的紧密合作，实现了按需生产，避免了大量产品积压。这不仅降低了仓储成本，还提高了资金的流动性。

此外，HE 集团还通过智能制造技术的应用，进一步提升了生产效率。在生产线上，自动化设备和人工智能系统的引入，使得整个生产流程更加精准、高效。

★规模经济与外包策略

企业在大规模生产时，通过批量采购原材料、统一生产和销售，可以降低单位产品的固定成本，这被称为"规模经济"。

此外，外包部分非核心业务也是一种有效的降低成本的策略。通过将物流、IT 支持等非生产性业务外包给专业的第三方服务商，企业可以集中资源于核心竞争力的建设。

H 企业在全球范围内布局生产基地，并通过集中采购原材料和统一技术标准，达到了规模经济效应。例如，通过大批量采购芯片和通信模块，享受了供应商的折扣，降低了生产成本。

同时，H 企业将部分物流和客户服务外包给专业公司，这不仅降低了内部运营的复杂性，还使企业能够更加专注于产品研发和技术创新。

★自动化与智能化生产

随着技术的进步，自动化和智能化生产正在成为降低成本的重要手段。通过引入自动化设备，企业可以减少人力成本，提高生产效率，避免人为错误带来的损失。此外，智能化系统的引入还能帮助企业更好地进行生产管理和质量控制。

F 作为全球最大的电子产品代工企业，一直致力于通过自动化生产降低成本。在深圳、成都等多个生产基地，该企业引入了大量工业机器人，极大地减少了对人工的依赖。

此外，F企业还通过大数据分析和物联网技术，实时监控生产流程和设备运行状态，避免了因设备故障导致的停工和生产效率下降。

★原材料采购优化与供应链管理

原材料成本是许多制造企业的重要组成部分，通过优化原材料采购和供应链管理，企业可以有效降低生产成本。

优化采购策略包括集中采购、长期合作和多元化供应商选择，供应链管理则强调快速响应和减少库存成本。

G公司作为全球领先的空调制造商，通过多元化供应商选择，避免了过度依赖单一供应商，减少了供应链中断的风险。

此外，在供应链管理方面，G公司通过采用信息化系统，实现了对原材料和生产流程的实时监控，快速响应市场需求。通过这种精准的库存管理，G公司不仅减少了仓储成本，还避免了因市场波动导致的原材料积压和损失。

★节能减排与环保措施

随着环境保护要求的提高，通过引入节能设备和环保技术，企业不仅可以降低能源消耗和排污费用，还能获得政府的环保奖励和税收优惠。

B集团在多个生产基地安装了太阳能发电设备，自给自足的能源供应模式极大地降低了生产用电成本。此外，B集团还引入了先进的污水处理设备，减少了废水排放，降低了环保成本。

通过这些节能和环保措施，B集团不仅降低了能源成本，还获得了政府的环保奖励和税收优惠，为企业带来了额外的经济收益。

降低生产成本是企业提高盈利能力的重要途径，然而，如何在成本控制的同时保持产品质量和市场竞争力，考验着企业管理者的智慧。无论是通过精益生产、规模经济、自动化，还是优化采购和节能环保，每一种策略都为企业提供了不同的降本增效途径。

二、如何提升供应链效率

供应链管理——现代企业提升竞争力的重要环节之一。

在全球化的背景下，供应链效率直接影响到企业的成本控制、产品质量以及市场反应速度。

其核心要素主要涉及三个方面：供应链设计、流程优化和信息管理。通过优化这些要素，企业能够减少运营成本，提高生产与物流效率，从而更快地响应市场需求。

一个高效的供应链设计应根据企业产品特性和市场需求进行合理布局。供应链的环节越多，越容易出现资源浪费和时间延迟。因此，设计供应链时，应尽可能减少不必要的中间环节，确保产品能快速从生产线到达消费者手中。

供应链的各个环节，包括原材料采购、生产、库存管理、配送等，都会影响供应链的整体效率。优化这些流程可以减少不必要的时间浪费和重复劳动，提升整体运营效率。

现代供应链离不开信息技术的支持。通过引入先进的管理系统，如 ERP（企业资源计划系统）、WMS（仓储管理系统）等，可以帮助企业实时追踪库存、物流状况，并提高各部门的协同效率。

企业在提升供应链效率的过程中，通常采用以下策略：

策略	详细内容
优化供应商管理	高效的供应链管理始于供应商的选择与管理。选择可靠、优质的供应商可以确保原材料的及时供应，并减少因原材料问题造成的生产中断。 同时，与供应商建立长期合作关系，可以通过批量采购降低采购成本。
实施精益管理	是一种通过减少浪费和提高生产效率的方法，在供应链中广泛应用。通过精益生产，企业可以减少库存积压，避免因产品滞销造成的资金占用。 此外，精益管理还可以缩短生产周期，降低运营成本。
加强物流与配送管理	物流和配送是供应链的最后一环，企业通过优化物流路线、使用高效的运输工具以及与第三方物流公司合作，可以降低运输成本，提升配送速度。

J 作为中国最大的电子商务平台之一，其供应链效率在业内堪称标杆。J 通过自建物流网络，大大提升了配送效率。依靠大数据、人工智能等技术，可以精准预测市场需求，并实现"未下单先配送"的创新模式。这一模式的核心在于供应链的高效协同，通过对客户购买行为的预测，提前将商品调度到距离消费者最近的配送中心，大大缩短了配送时间，提升了客户体验。

虽然提升供应链效率有诸多好处，但企业在实际操作中仍面临一定的挑战：

挑战	内容
供应链全球化与不确定性	全球化的供应链容易受到国际政治、经济等因素的影响。突发的自然灾害、贸易政策变动等，都可能导致供应链的中断。
技术的快速更新	新技术的应用需要大量的前期投入，并且要求企业具备较高的技术管理能力。
可持续发展与绿色供应链	随着环保意识的提升，未来，企业不仅要关注供应链效率，还需兼顾环境保护与可持续发展。在这一过程中，如何通过创新技术减少能源消耗、降低碳排放，将是企业面临的新挑战。

提升供应链效率是企业在竞争激烈的市场中保持竞争力的重要途径。在未来，随着技术的不断进步和市场环境的变化，企业还需面对新的挑战，并不断调整供应链策略，以保持长久的竞争优势。

第三节　质量管理与客户满意度

在现代商业竞争中，产品质量不仅是企业生存的根本，也是企业获得市场认可与客户信任的核心竞争力。然而，提升产品质量并不是一个单一的行动，而是需要持续的改进，通过系统化的管理与技术的升级，才能实现企业长久的繁荣。

一、提升产品质量的持续改进

质量管理理论最早由学者戴明提出，并被应用于现代企业的产品质量改进中。他提出的戴明环（PDCA循环：计划－执行－检查－行动）

成为现代企业质量管理的基础理论。这个理论强调质量改进是一个持续的过程，需要通过计划、执行、检测和反馈不断改进，而不是一次性任务。

对于企业来说，持续改进质量不仅仅是技术层面的提升，更是管理模式的变革。尤其在全球市场竞争加剧的背景下，通过系统的质量管理策略，在提高产品可靠性的同时减少生产成本，增强市场竞争力。

JL 汽车曾因质量问题受到市场质疑，然而，2010 年 JL 汽车收购了国外 W 汽车后，开始全面引进 W 汽车的质量标准和管理体系，通过"全球化质量提升战略"加强内部质量管理。

JL 汽车的质量提升计划并不仅仅是依靠技术引进，更是基于其对市场需求的深刻理解。随着国内消费者对汽车安全性、耐用性要求的提高，JL 汽车用全球研发资源，强化了内部的质量管控与研发创新，通过自主开发的技术平台，大幅提高了整车的质量和客户满意度。如今，JL 汽车不仅在中国市场取得了成功，还进入了欧洲等国际市场，成为全球化的中国车企代表。

从这个案例中，可以看出要实现持续的产品质量改进，企业必须从战略、管理和技术层面进行系统化的规划与执行。具体细化如下：

★制定明确的质量目标

企业在进行质量改进时，首先需要明确质量目标。这个目标不仅仅是降低次品率或提升客户满意度，还应该涉及如何通过质量改进降低生产成本、提高市场竞争力。

★推动全面质量管理

全面质量管理（TQM）是现代企业改进质量的重要工具。TQM强调从企业的高层到一线员工，所有人都应该参与到质量管理的过程中来。每个部门、每个岗位都应有明确的质量责任，并通过绩效考核来评估每个人的工作质量。

★加强供应链管理

很多企业的质量问题源自供应链的薄弱环节，因此企业需要通过选择可靠的供应商、定期进行质量审核等方式，确保供应链的每个环节都能够达到标准。

★引入先进的质量检测技术

现代制造业已经不再依赖于传统的人工检测，而是通过智能检测系统、自动化生产设备进行质量控制。企业可以通过引入大数据、人工智能等技术，实时监控生产流程中的质量数据，并通过数据分析发现潜在问题，及时进行调整。

★强化员工培训与文化建设

企业要不断进行员工的质量意识培训，提升他们对产品质量的认知与责任感。同时，企业需要通过建设质量文化，让全体员工意识到质量的重要性，并自觉承担起改进产品质量的责任。

★客户反馈与持续改进

提升产品质量不仅仅是内部改进，更需要通过客户反馈来进行优化。企业可以通过客户满意度调查、售后服务数据分析等方式，了解产品在使用过程中存在的问题。

二、客户反馈与产品改进

客户反馈是企业与市场之间的桥梁，是企业了解市场需求、感知消费者情感以及调整自身产品策略的重要依据。许多企业之所以能够在激烈的竞争中脱颖而出，正是因为它们能够倾听用户声音，并将这些反馈转化为实际的产品改进行动。

作为互联网时代崛起的明星企业，X 公司从一开始就通过"米粉节"等活动，密切关注用户的使用体验与反馈。X 公司创始人曾多次提到，客户的意见是 X 公司成长的原动力。通过这种用户参与产品设计的模式，X 公司能够迅速调整产品细节，推出符合用户期待的手机、家居设备等产品，并以"性价比之王"的姿态迅速占领市场。

客户反馈不仅仅是对产品的表面反应，背后往往隐藏着用户对产品功能、性能、使用便捷性等深层次需求。如果企业能够及时捕捉并解读这些反馈，便可以持续优化产品，不断提高用户满意度。

客户反馈的有效收集和分析是产品改进的基础。通过建立多种渠道，企业可以从多个维度获取真实有效的用户反馈。例如，以下几种收集方式：

方式	具体内容
线上渠道	电子商务平台、社交媒体、公司官网及 App 的评论区是客户反馈的重要来源。
线下渠道	客户服务中心、门店调查、售后回访等方式能够帮助企业直接与用户进行面对面的沟通，获取更为详细的反馈信息。

方式	具体内容
社交媒体与论坛	用户在微博、微信、知乎等平台上自发讨论产品的使用感受，这些社交平台为企业提供了丰富的反馈信息。不仅可以通过官方账号收集用户意见，还能通过舆情监控工具挖掘潜在的产品问题。

然而，仅仅收集反馈还不够。如何从海量数据中筛选出有价值的信息，并转化为产品改进的有效措施，是企业面临的更大挑战。

人工智能与大数据技术的应用在这一过程中起到了关键作用。通过自然语言处理（NLP）技术，企业可以对评论和反馈进行自动化分析，识别用户反映最集中的问题，并根据其严重程度优先解决。

客户反馈的收集与分析最终要落到产品改进的实际行动上。无论是产品设计、功能调整，还是服务质量的提升，都需要基于反馈进行针对性的改进。

以国内的智能家电企业 MD 为例，近年来其产品设计的优化极大程度上得益于用户反馈。MD 通过其售后服务体系收集了大量用户对空调、冰箱等家电产品的使用反馈，尤其是在节能、静音、智能化等方面的需求。根据这些反馈，MD 团队对产品的核心功能进行优化，增加了智能调控、节能模式等功能，以更好地满足用户需求，赢得了市场的广泛好评。

成功的产品改进不仅仅带来了产品质量的提升，还为企业创造了品牌价值。当客户发现企业能够快速响应他们的意见，并作出实质性的改进时，客户的忠诚度和品牌认同感将随之提升。通过持续的产品优化，企业可以将客户反馈转化为竞争优势，甚至可以将这种反馈机制作为企业文化的一部分。

第四节　定价策略与市场竞争

在不同的市场环境下，企业必须灵活调整定价策略，以应对市场变化、竞争压力以及消费者需求的波动。定价不仅仅是对产品和服务设定一个合理的价格，更是企业实现盈利目标、赢得市场份额和增强竞争优势的重要工具。

一、不同市场环境下的定价策略

在竞争激烈的市场中，许多企业会选择低价策略，以迅速赢得市场份额。低价策略的核心在于如何降低生产和运营成本，以确保企业在提供低价产品的同时，仍能保持一定的利润空间。

X公司便是中国市场中实施低价策略的典型案例。自成立以来，X公司凭借其"高性价比"策略迅速占领了国内手机市场的大部分份额。通过优化供应链管理、减少营销成本以及采用限量销售的模式，X公司成功地将智能手机的价格压至同行业竞争对手难以企及的水平。

然而，低价策略并不意味着牺牲产品质量。X公司通过"互联网＋"的模式，减少了线下渠道的中间成本，大幅降低了营销和渠道费用，使得X公司能够以极具竞争力的价格销售高质量产品。在这种策略下，X公司不仅赢得了大量的用户基础，还在初期成功避免了与A品牌、H品牌等巨头的正面价格战。

同时，随着X公司的成长，它逐步转向多样化的定价策略，尤其是在拓展高端市场时，通过推出更高配置的产品拉升了整体品牌价值。

在一些差异化市场中，尤其是高端市场，企业往往采用高价策略。通过塑造独特的产品价值、提升品牌认知，企业能够为其产品设定较高的价格，以满足消费者的高级需求。

H公司在早期通过价格适中的中高端机型（如荣耀系列）打入主流消费群体，而随着其品牌和技术实力的提升，H公司在高端市场逐渐推出定价更高的旗舰机型。通过不断提升产品的技术含量，尤其是在摄像头、芯片等核心领域的自主创新，H公司成功将其旗舰机型的价格推至接近甚至超越A手机的水平，这反映出高价策略在差异化市场中的成功应用。

动态定价策略指的是企业根据市场需求的变化、季节性因素、竞争态势等实时调整价格。此策略在互联网、电商和服务业中应用广泛，尤其适用于需求波动较大的市场环境。

DD公司的定价策略是动态定价的典型代表。作为中国最大的网约车平台，DD平台根据供需关系实时调整价格。比如，在高峰时段或需求激增的情况下，DD平台会相应提高乘车价格以激励更多司机出车，而在需求较低时段，价格则可能下降以吸引更多乘客。

这一定价策略不仅确保了DD平台能够在不同时段保持运营效率，也有效调节了司机和乘客的供需平衡。通过数据分析和智能算法，DD平台能够迅速响应市场变化，在竞争激烈的出行市场中维持高效的价格机制。

在价格敏感型市场中，消费者对价格变化非常敏感，企业往往需要通过折扣、促销等手段吸引消费者，刺激销售增长。这类定价策略不仅适用于节假日或销售淡季，还是企业清理库存、推出新品的重要手段。

中国的电商市场在过去十年中发展迅速，而TB平台通过每年两次的"618"年中促销和"双十一"购物节成为了行业标杆。在这两个促销期间，TB平台通过大幅折扣、限时抢购、满减优惠等多种促销手段，极大地刺激了消费者的购买欲望。

这种定价策略不仅能有效清理库存，还能增加平台的用户活跃度。在促销期间，企业通过大幅优惠吸引了大量消费者，带动了整个平台的流量和销量，同时还能够借此机会推广新产品，强化用户对品牌的认知。

在垄断或寡头市场中，企业往往通过捆绑销售或套餐定价的方式，以实现其产品组合的价值最大化。捆绑定价的核心在于将多种产品或服务打包，以整体形式出售，通常会给予较大的价格优惠，从而提升消费者的购买动力。

Y公司作为中国电信行业的巨头之一，采取了多种捆绑定价策略。

例如，在 4G/5G 服务推广中，Y 公司通过将流量套餐与语音通话、宽带服务捆绑销售，推出多种组合套餐，使得消费者在享受优惠价格的同时，也增加了用户对其多元服务的依赖度。

通过捆绑销售，Y 公司不仅能够提升整体收入，还能延长客户生命周期，增强用户粘性。这种策略在一定程度上削弱了竞争对手的市场份额，巩固了其在电信市场的主导地位。

在不同的市场环境下，企业必须采用相应的定价策略，以应对市场竞争、需求波动和消费者行为的变化，每种策略都需要基于市场的现实情况和消费者的具体需求来制定。

通过实际案例，可以看到灵活的定价策略在企业盈利中的重要性，也反映出在瞬息万变的市场环境中，企业需要具备足够的适应力和创造力才能立足于竞争中，实现持续增长。

二、如何通过价格竞争保持市场优势

价格竞争的核心在于通过调节产品或服务的定价，使其在同类产品中更具吸引力，从而争取市场份额。

对于很多企业来说，价格竞争是快速占领市场、提升品牌知名度的有效手段。然而，价格竞争并非只是简单的价格下调，它涉及到企业对市场、成本、消费者心理等多方面的综合考量。

随着消费升级与市场成熟度的提升，消费者的价格敏感度在降低，而对产品质量和附加值的需求则在增加。因此，企业在进行价格竞争时，需要深入理解目标市场的特征，制定精确的价格策略，以保持市场竞争力。

价格竞争可以分为直接价格竞争和间接价格竞争两类：

★直接价格竞争

直接价格竞争是指企业通过降低产品售价来吸引价格敏感型消费者，从而实现短期内的销量增长。

★间接价格竞争

间接价格竞争则是通过增加产品附加值、改进服务质量等方式，避免直接降价，但仍然为消费者提供更高的性价比。

要通过价格竞争保持市场优势，企业必须在以下几个方面进行深入思考和实践：

深入思考和实践	具体内容
精准的市场细分与定位	不同的消费者群体对价格的敏感度不同，企业应根据目标市场的需求进行价格定位。精准的市场细分是制定合理价格策略的基础。
成本控制与供应链管理	有效的成本控制是进行价格竞争的前提。企业要在保证产品质量的前提下，尽可能地降低生产和运营成本。
动态定价策略	随着市场竞争环境和消费者需求的变化，价格策略也需要灵活调整。动态定价是一种根据市场需求变化实时调整价格的策略，特别适用于竞争激烈的市场
打造品牌忠诚度	通过价格竞争获取市场份额只是短期策略，长期来看，企业必须依赖于品牌忠诚度的提升来保持市场优势。很多企业通过价格战获得了初期的市场优势，但却忽视了品牌建设的重要性，导致消费者在价格波动时转向竞争对手。
差异化竞争与产品创新	仅靠价格竞争无法长期维持市场优势，企业还需要通过产品创新和差异化竞争来提升市场地位。

虽然价格竞争是企业获取市场份额的有效手段，但它也存在潜在的风险，尤其是以下几个方面：

1. 价格战陷阱

企业若一味追求通过价格战抢占市场，容易陷入"价格战陷阱"，即牺牲长期利润换取短期市场份额，最终可能导致企业现金流紧张，甚至亏损。

2. 价格敏感度依赖

如果企业长期依赖低价吸引消费者，可能导致消费者对品牌的价格敏感度增加，一旦价格上调，消费者将迅速流失。许多快消品品牌在实施低价策略时，常常陷入消费者对低价的依赖，难以在后期通过提价提升利润。

3. 品牌形象受损

价格竞争往往伴随着低成本的生产和运营，可能导致产品质量下降，进而影响品牌形象。例如，国产某些汽车品牌在价格战中为降低成本，牺牲了部分产品质量，导致消费者对品牌的忠诚度下降。

通过合理的价格竞争策略，企业不仅可以获取短期的市场优势，还能够通过品牌建设、产品创新等手段，实现长期的市场领先地位。然而，企业在运用价格竞争策略时，必须警惕价格战的潜在风险，避免陷入价格战的陷阱。

第二章
品牌价值驱动的盈利模式

品牌价值驱动的盈利模式是一种以品牌为核心，通过提升品牌价值来推动盈利增长的商业模式。

不同于传统的产品或价格导向，这种模式侧重于品牌在消费者心目中所代表的独特价值与形象，通过品牌建设、品牌文化传播、品牌忠诚度培养等手段，增强消费者对品牌的情感依赖和信任感，从而提升产品溢价能力，实现长期稳定的盈利。

品牌价值驱动的盈利模式是企业通过品牌文化、品牌故事、社会责任等多方面的努力，增强品牌在消费者心中的价值地位，从而获得溢价和忠诚度的长期稳定增长。

这一模式对品牌建设要求高，需持续投入，但一旦成功，能够让企业在市场上获得独特的竞争优势和长期的盈利能力。

第一节　品牌定位与市场策略

品牌定位不仅是定义企业自身独特价值的起点，更是精准连接目标市场与客户需求的桥梁。然而，品牌价值的有效传递离不开有力的市场策略，这包括精准的客户定位、差异化的市场推广，以及持续的品牌建设，这些将助力企业在竞争激烈的市场中占据优势，实现品牌驱动的逆向盈利模式。

一、如何在市场中建立独特品牌定位

品牌定位是指企业通过独特的品牌形象、产品特质或价值主张，在目标市场中占据消费者的心智位置，从而在消费选择时具备优先地位。

一方面，品牌通过定位的差异化可以建立与消费者的情感连接，从而实现长期盈利。另一方面，消费者在购买决策中通常会优先选择具有可信赖度和专属性的品牌，因此品牌定位的建立尤为关键。

品牌定位尤其受到市场竞争的影响，它决定了品牌在消费者心中的独特地位。进行品牌定位时，可以从以下几个方向进行细分：

1. 市场细分与目标受众分析

市场细分可以帮助企业识别主要客户群体的需求、偏好和消费模式，从而制定有针对性的品牌策略。目标受众的选择决定了品牌定位的核心方向和后续的营销活动。

某家电品牌就是一个成功案例，该品牌通过深入研究市场需求，将目标受众定位于注重生活品质的年轻女性，推出了一系列小型、智能的家用电器产品。与传统家电品牌不同，该品牌并没有主打价格战，而是通过产品设计、功能性和市场细分策略，打造了小巧精致、居家实用的品牌形象。

从这个案例可以看出，对于小型品牌来说，清晰的市场定位可以减少资源浪费，提升品牌传播的有效性。

2. 差异化价值主张的构建

品牌定位的核心在于形成差异化的价值主张，即让消费者明白该品牌能够满足其独特的需求。差异化不仅要体现在产品功能上，更需在品牌文化、服务体验等方面形成特色，使消费者在品牌体验上感到独特。

某品牌在品牌初创阶段主打"互联网咖啡"概念，通过移动 App 下单、迅速配送和线上优惠活动，将自身与传统咖啡店区分开来。其差异化定位不仅在于便捷的线上服务，还包括高性价比的产品、灵活的购买方式等，这些都为其赢得了庞大的消费群体。

该品牌的案例表明，差异化策略在产品价值和服务方面的创新可以帮助品牌快速获得市场关注并确立定位。

3. 品牌形象的一致性与延续性

品牌形象的一致性指的是品牌在传播过程中要保持统一的形象和风格，包括品牌的标识、色彩、口号、包装等方面，以加强品牌的辨识度和识别性。

以某国货美妆品牌为例，某的品牌理念是"极致少女心"，希望用户对产品能够"始于颜值，终于品质"，故该品牌在包装设计和视觉传达上保持风格的一致性，选用少女的色调和极繁的设计风格，突出产品"梦幻"的特点。这种统一的视觉识别在不同产品之间形成了明显的品牌标识，帮助消费者快速识别其的产品。

案例中，该品牌通过一贯的少女化形象和品牌传播，不断强化消费者对其"洛丽塔"公主的定位印象，实现了品牌的快速崛起。

4. 品牌定位的创新实践：未来趋势与思考

未来的品牌定位将更加注重消费者的个性化需求和品牌体验。随着科技的进步和消费者需求的多元化发展，品牌需要不断创新和优化品牌定位策略。例如，利用大数据分析精准定位消费者需求，依托人工智能等技术提高产品体验等。

以某超市品牌为例，HM打破了传统超市和电商的界限，通过线上线下的无缝连接、快速配送等服务满足消费者对高品质生鲜的需求。这一创新品牌定位不仅有效提升了消费者的购物体验，还推动了新零售模式的发展。

在市场中，建立独特品牌定位是提升品牌价值、实现盈利的重要路径。通过明确市场定位、构建差异化价值、保持一致性形象，企业可以在竞争激烈的市场环境中赢得一席之地。

二、品牌竞争力的核心因素

随着消费者需求和市场结构的变化，品牌不再是简单的标志或名称，而是客户忠诚度、市场份额和企业长期收益的重要驱动因素。

在消费市场，品牌竞争力的核心因素涉及品牌定位、产品创新、顾客体验和社会责任。以下，我们结合国内品牌的现实案例和理论分析品牌竞争力的关键驱动要素。

1. 品牌定位：赢得市场认知

品牌定位是品牌竞争力的基础，明确的定位不仅能帮助品牌与目标客户产生共鸣，还能使品牌在市场中脱颖而出。

定位的核心在于将品牌价值与客户需求精准匹配，从而在消费者心中留下独特印象。

以某手机品牌为例，相较于另一品牌的超高性价比而言，该品牌的价格并不算低，这是因为该品牌以年轻女性为目标用户，比起强调专业性或性价比，该品牌主要强调照相这一价值维度，比如双摄像头、1600万像素、柔光自拍和"照出你的美"等特点。这些价值诉求和主张简单明了，吸引了大量年轻、爱美、爱拍照且热爱生活的消费者。

2. 产品创新：提供独特价值

产品创新是品牌核心竞争力的重要因素。品牌通过不断推出创新的产品和技术，不仅可以满足消费者的需求变化，还能建立更高的品牌壁垒。

H公司是一个显著的例子。凭借其在5G、智能手机和AI等领域的技术创新，H公司不断推出高质量、技术领先的产品，使其品牌获得了全球的认可。H公司不仅依靠技术创新，还强调产品的用户体验设计，例如拍照功能的增强和AI助手的推出，使其产品在市场中具有独特的吸引力和竞争力。

3. 客户体验：建立情感联系

在当前市场，客户体验逐渐成为品牌竞争的主战场。优质的客户体验能让消费者产生信任和好感，从而提升品牌忠诚度。

以某火锅品牌为例，通过卓越的服务和多样化的增值服务（如免费美甲、细致周到的服务员）塑造了积极的客户体验，使消费者不仅仅为美食买单，还为其独特的用餐体验付费。这样的客户体验将品牌打造成了一个生活方式的代表，客户往往会因为该品牌独特的服务体验而产生高频次的消费和极高的品牌忠诚度。

4. 社会责任：获得社会支持

品牌的社会责任不仅是提升其竞争力的关键，还能为品牌带来广泛的社会支持。近年来，越来越多的中国消费者关注企业在环保、公益、员工福利等方面的表现。

以某线上支付为例，通过线上消费，积攒绿色能量，一定数量的绿色能量能兑换为一颗沙棘树种在沙漠。该平台在环境保护等方面积极履行社会责任，得到了政府和公众的广泛认可。通过公益活动，不仅提高了自身品牌的社会形象，还在公众心中建立了良好的信任度，增强了品牌竞争力。

5. 文化认同：本地化与全球化结合

随着中国企业逐渐走向国际化，文化认同成为品牌竞争力的重要因素。在激烈的全球市场中，如何在保持本土特色的同时融入国际市场是品牌竞争力的重要课题。

L品牌作为中国运动品牌的代表，通过推出具有中国特色的设计元素和文化符号，成功满足了年轻一代消费者的心理需求。通过"国潮"主题的推出，L品牌将传统中国文化与现代潮流相结合，成为本土消费者喜爱和自豪的品牌，同时吸引了国际市场的关注。

品牌竞争力的核心因素涵盖了品牌定位、产品创新、客户体验、社会责任和文化认同等方面。这些因素共同构建了品牌的长期发展能力和市场竞争力。在国内市场的多重挑战和机遇中，品牌必须找到适合自身发展的竞争力驱动因素，才能在变化迅速的市场中保持领先地位。

第二节　品牌文化与客户忠诚度

忠诚的客户不仅带来重复购买，更可能自发地为品牌进行宣传，形成口碑效应。通过深耕品牌文化，企业能够在激烈的竞争中占据独特的位置，降低营销成本并提升盈利空间。

一、建立与客户情感联结的品牌文化

情感联结的理论源于消费者行为学和心理学，表明客户对品牌的忠诚不仅基于产品质量和服务体验，更建立在情感层面。

马斯洛需求层次理论指出，人的基本需求包括生理、安全、社交、尊重和自我实现，而品牌文化可以满足客户的高级需求。通过满足社交需求（归属感）和自我实现需求，品牌能在客户心中形成一种独特的情感联结。

此外，情感联结还涉及到归属理论。当客户认为品牌符合他们的价值观并支持其自我表达时，便会更愿意与该品牌互动，形成一种"社区"效应。这种品牌归属感极大地增强了客户的忠诚度，推动了品牌的长期发展。

LY品牌以其高端的箱包、服饰和配饰而闻名全球。该品牌不仅提供奢华产品，还通过文化和生活方式的传递吸引了大量忠实消费者。

一方面，LY品牌定期推出限量版和联名系列，吸引了那些寻求独特性的消费者。这种独特性让消费者觉得他们拥有的产品不仅是奢侈品，更是稀有和特别的，增强了他们对品牌的归属感和忠诚度。另一方面，LY品牌举办各类文化活动、时装秀和展览，邀请消费者参与。这些活动不仅是品牌展示的机会，也是消费者建立社交联系的平台，进而增强了他们对品牌的忠诚感。

结果通过以上措施，LY品牌成功地培养了大量忠实顾客。这些消费者因为强烈的归属感而选择持续购买LY品牌的产品，并愿意将其推荐给他人，从而形成口碑传播，提高了品牌的忠诚度和市场地位。

由以上例子总结，品牌要成功建立与客户的情感联结，需从以下几方面着手：

着手方面	具体内容
强化品牌价值观	品牌价值观是一种身份象征，通过明确品牌的使命和愿景，客户能感受到品牌的真实意图和长期目标。
加强与客户的互动体验	情感联结的建立需要互动。品牌不仅要在产品上满足用户需求，还需在社交平台和活动中与客户保持积极互动。
创造积极的用户体验	在情感联结中，品牌体验至关重要。品牌文化的一个重要方面就是对用户体验的关注，从产品设计到服务反馈，品牌应尽可能满足用户的情感需求。

虽然品牌文化的建立和情感联结能够提升客户忠诚度，但在实践中仍然面临诸多挑战，如品牌一致性管理、消费者偏好变化等。

挑战 1：品牌一致性管理

品牌文化在传播和推广过程中，必须保持一致性，以确保消费者对品牌的认知和情感不会被削弱。为应对这一挑战，品牌需建立清晰的品牌标准，并在多元化的沟通渠道中严格执行。

挑战 2：客户偏好和市场变化

随着市场变化，客户偏好也在不断更新。品牌需通过数据分析和市场调研，时刻关注消费者的情感诉求，以灵活的品牌文化满足其需求。

建立与客户情感联结的品牌文化，是提升客户忠诚度的重要方式。情感联结不仅能增加客户复购率，降低品牌推广成本，还能为品牌带来持续的口碑效应，增强市场竞争力。

二、提升品牌忠诚度的关键举措

品牌文化不仅是企业的"形象"，更是连接消费者和品牌的情感纽带。通过清晰、正向的品牌价值观，企业可以有效传递自己的文化和理念，吸引有相似价值观的客户群体。

在品牌文化建设中，企业需要注意以下两点：

1. 价值观的明确和传播

品牌文化价值观应与产品特性和客户需求一致，并通过广告、公共活动等渠道强化这一认知，使消费者清晰了解品牌所代表的理念。

2. 文化价值观与客户日常的结合

品牌文化只有真正渗透到消费者生活中，才能引发情感共鸣。因此，企业可以通过包装设计、品牌活动等方式，使品牌的理念成为消费者生活的一部分，增加其对品牌的情感认同。

提升品牌忠诚度的另一关键在于优化客户体验，将品牌文化体现在实际服务和产品体验中。如今消费者更注重服务的体验感和便捷性，企业需在消费环节的细节上做足功夫。

某线上购物平台，积极优化物流体系和售后服务，确保客户有良好的购物体验。不仅通过高效物流提升了用户的体验，还通过增设 24 小时在线客服，解决了客户在购物过程中的疑问，进一步增强了品牌忠诚度。

客户体验优化可从以下几个方面展开：

1. 优化服务流程：从预售到售后，企业需优化服务流程，保障每个环节的体验无缝连接，以此提升消费者的信任感。

2. 提供个性化服务：通过大数据分析消费者行为和偏好，进行精准的个性化服务，以满足消费者的多样化需求，提高品牌满意度。

大数据和人工智能的发展，使得品牌能够更好地分析用户行为，进而进行精准营销。精准营销的实施包括以下两点：

1. 数据分析和客户洞察：企业需要定期分析客户数据，了解其偏好和行为模式，进而调整产品和营销策略，满足客户需求。

2. 个性化互动和优惠策略：通过推送符合客户偏好的内容，向客户展示品牌的重视，增加客户对品牌的好感度。例如，许多品牌通过个性化推荐、生日优惠等方式拉近与客户的关系，激励其产生品牌依赖性。

在社交媒体活跃的今天，品牌可以通过社交平台与消费者建立更直接的互动。通过积极的社交媒体沟通，企业能有效增强品牌的"人性化"形象，增加消费者的参与感，提升品牌忠诚度。

某彩妆品牌在微博等社交平台上发起了多次用户互动活动，通过"美妆达人推荐"等方式，不断激发消费者对品牌的讨论和参与热情。社交媒体的互动不仅帮助该品牌扩大品牌知名度，还成功吸引了大批忠实粉丝，使品牌忠诚度显著提升。

企业在社交媒体互动方面需注意以下两点：

1. 建立双向沟通机制：通过及时回复用户留言、处理用户反馈，增强用户的参与感，让用户感到品牌的关注。

2. 发起具有吸引力的互动活动：通过互动活动，比如话题讨论、挑战赛等形式，增加用户对品牌的记忆点，吸引更多消费者的参与，从而逐步建立品牌社群，增强品牌忠诚度。

通过建设品牌文化、优化客户体验、精准营销和社交媒体互动，企业能有效地增强品牌的吸引力和消费者的粘性，最终提升品牌忠诚度。这一过程并非一蹴而就，而是通过长期、细致的品牌建设逐步实现的。

第三节　品牌扩张与国际化

在全球化浪潮的推动下，单一市场的盈利潜力日益受到限制，企业不得不寻求更广阔的国际市场。通过深度理解品牌价值的驱动机制，企业可在国际化的过程中实现盈利的逆向提升，进一步巩固和提升品牌在全球市场中的地位。

一、品牌的全球市场扩展策略

理论上，品牌的全球扩展是一种战略选择，旨在通过将国内的品牌知名度和声誉转化为全球市场的竞争优势。品牌全球化战略可以帮助企业在多元化市场中获取资源、降低成本和提高利润，拓展品牌价值并实现收益最大化。

品牌的全球化扩展，常见的策略包括品牌的跨国推广、国际化品牌形象塑造、以及对目标市场的本土化调整。

H公司通过技术创新和品牌实力的不断积累，将自己定位为国际领先的科技品牌。H公司在全球范围内建立了研发中心，并积极投入5G技术的开发，通过技术驱动与品牌价值的结合实现市场扩展。

此外，H公司通过赞助全球顶尖体育赛事、文化活动来提升品牌影响力，利用本土化的营销策略适应不同国家的消费文化。这种策略不仅提高了H公司在国际市场的品牌认知度，还使其产品能够在多个国家和地区占据较大的市场份额。

在品牌全球化的实际实施中，通常包含以下几个关键步骤：

步骤1.目标市场选择和进入策略

企业在进行国际化扩展时首先需要评估目标市场的需求和竞争情况。通过市场调研、政策分析等方式确定是否适合进入该市场。

步骤2.本土化策略的应用

品牌国际化不仅是简单地将产品出口到其他国家，更需要根据当地消费者的需求和习惯进行本土化调整。

步骤3.国际化品牌形象的构建

品牌形象是品牌全球化的重要组成部分。通过建立统一的品牌形象，企业可以在全球范围内获得一致的品牌认知。

步骤4.产品与服务的一致性管理：

在品牌全球化的过程中，产品和服务的一致性是关键。消费者期望在不同市场购买到质量相同的产品，这就要求企业在生产、销售和售后服务等环节保持一致的质量标准。

尽管品牌国际化可以为企业带来广阔的市场和利润空间，但也面临诸多挑战。文化差异、政策限制、以及市场竞争等因素都可能影响品牌的全球化扩展。

以国内著名手机品牌X为例，在进入印度市场时，X不仅要与本土企业竞争，还需要应对印度政府对外国品牌的限制政策。为此，X

采用本土化策略，提供物美价廉的产品，满足了印度年轻消费者的需求，并通过电商渠道降低进入成本。这种策略帮助 X 快速在印度市场站稳脚跟，成为当地热门品牌。

文化冲突是品牌国际化的重要挑战。许多中国品牌在国际市场遇到了品牌认知与文化差异的问题，例如，在欧洲或美国市场，消费者对品牌的认知和需求与中国本土存在显著差异。为了解决这个问题，企业可以通过引入本土团队、深度了解当地文化，并制定符合当地市场需求的品牌策略。

随着全球化的深入，品牌国际化也呈现出新的趋势。例如，数字化技术的普及使得企业可以更加方便地在全球市场推广品牌。许多中国品牌开始利用电子商务和社交媒体等数字化渠道快速渗透国际市场。

品牌的全球化扩展还将受到新兴市场的推动。许多中国品牌逐渐将东南亚、非洲等地区作为重点市场，通过灵活的品牌推广方式和本土化的策略快速进入这些潜力市场。

二、如何跨文化管理品牌认知

跨文化管理是指企业在跨文化背景下协调和管理不同文化间的差异，以实现业务目标的过程。

文化维度理论指出，不同文化具有特定的价值观、信仰和行为习惯，这些会直接影响消费者对品牌的认知和反应。文化维度包括权力距离、不确定性规避、个人主义与集体主义、男性化与女性化、长期导向与短期导向等，这些维度帮助企业理解目标市场消费者的行为模式，指导品牌在营销传播中的语言、视觉及价值定位。

对于中国企业而言，跨文化管理需要通过文化适应和本地化策略来平衡全球化扩展与本地市场需求间的关系。特别是面对欧美等文化差异显著的市场，品牌需采取基于文化敏感性的策略，以增强品牌在当地的认同度和忠诚度。

中国家电品牌E在全球扩张中，深刻意识到单一的产品策略无法满足美国消费者的需求，因此实施了产品的本地化策略。针对美国消费者偏爱较大冰箱的习惯，E设计出适合美国人生活方式的产品，并通过在广告中加入适应美国文化的视觉元素，增强了品牌的亲和力。这种跨文化管理策略不仅让E的产品更符合当地市场需求，还增强了品牌在美国市场的认同度。

以上案例可以看出，文化适应和本地化并不只是产品本身的调整，而是包括品牌理念、广告传播、顾客服务在内的全面适应。E通过产品调整与本地化传播策略，逐步在美国市场赢得了消费者的认可，成功实现了品牌的跨文化管理。

要实现有效的跨文化品牌管理，企业需关注以下几个关键要素：

1. 文化敏感性与尊重

在品牌跨文化扩展过程中，文化敏感性至关重要。企业应尊重目标市场的文化传统与价值观，通过调研了解当地消费者的偏好和禁忌，以避免因文化冲突影响品牌形象。

例如，很多西方市场重视个人隐私和自主性，品牌在广告传播中避免使用过于"亲密"或"控制感"强的用语。

2. 品牌的一致性与本地化的平衡

跨国品牌在进入不同市场时，需要在品牌一致性和本地化之间找到平衡。品牌的一致性指品牌在全球范围内维持统一的核心价值观和品牌形象，而本地化则是指在不同市场中做出适应性调整。

例如，H品牌在海外市场依旧坚持技术创新为核心品牌价值，但在具体的营销方式上会依据当地市场的文化特点做出不同的表现形式，以确保品牌既具备全球认知的一致性，也符合当地消费者的文化认同。

3. 整合传播与社交媒体运用

随着社交媒体的普及，品牌跨文化传播的速度与互动性大大增强。企业可以通过社交媒体平台快速发布符合当地文化背景的内容，加强品牌与消费者之间的情感连接。

例如，某购物平台在拓展东南亚市场时，注重在社交平台上发布符合当地节庆和文化习俗的内容，不仅增进了品牌与当地消费者的互动，还帮助其在东南亚市场获得了较高的品牌认同。

尽管跨文化管理对品牌国际化有巨大帮助，但中国企业在跨文化品牌管理中仍面临一些挑战，如文化差异下的品牌误解、营销传播的障碍等。针对这些挑战，中国品牌应采取如下对策：

1. 加强文化调研：文化调研是品牌进入新市场的前提。品牌应在进入新市场前深入了解当地文化，通过问卷调查、焦点小组等方式，了解消费者的核心需求和文化背景，避免因信息不对称导致品牌传播失败。

2. 多样化传播方式：在不同市场中使用多样化的传播方式以满足不同文化背景的需求。以某视频软件为例，其在不同国家采取不同的内容审查和推荐机制，以符合当地文化和法律规范，确保内容符合用户的文化习惯，这大大提高了用户粘性。

3. 建立跨文化管理团队：在全球化进程中，企业应注重培养具备跨文化管理能力的团队。跨文化团队可以通过多元化视角增强对不同市场的理解，提高品牌对文化差异的应对能力，帮助企业更好地解决文化冲突与误解。

品牌的国际化和扩展是企业全球战略中的关键环节，而跨文化管理在品牌扩展中起到了桥梁作用。通过尊重文化差异、维持品牌一致性与本地化的平衡，以及利用社交媒体增强文化亲和力，中国品牌能够在不同文化市场中有效实现品牌认知的跨文化管理，从而增强品牌的国际竞争力。

第四节　品牌危机管理与重塑

在当今竞争激烈的市场环境中，品牌不仅是企业价值的体现，更是客户信任与忠诚的象征。然而，品牌的生命线并不总是一帆风顺，面对突如其来的品牌危机，企业的应对策略至关重要。品牌危机管理不仅关系到企业的短期存续，更影响到品牌的长期形象和市场地位。

一、危机管理中的品牌保护

在品牌竞争激烈的今天，企业面临的不仅仅是市场份额的争夺，还包括声誉的保护。品牌危机的发生往往出乎意料，但对品牌形象和消费者信任的影响却是深远且持久的。因此，危机管理中的品牌保护是企业品牌管理中的关键一环。

品牌是企业的无形资产，尤其在数字化信息传播加速的背景下，品牌的脆弱性变得更加突出。品牌保护的核心在于防止声誉受损和重建公众信任。

一个成功的危机管理策略可以帮助企业在危机中减少损失、挽回品牌形象、维护企业的长远发展。

以2018年的"某奶粉品牌事件"为例，该品牌因产品质量问题而被推上风口浪尖。虽然公司快速应对并进行了产品召回、赔偿等措施，但公众信任的损失难以弥补。

此事件揭示了品牌保护中的预警机制和反应速度的重要性。若品牌在事发之前就能积极建立质量管理体系、监控品牌舆论声势，可能将极大程度地减缓消费者流失的风险。

品牌保护并非仅在危机出现时采取措施，而是通过长期的防御机制来防止危机发生或将其影响最小化。以下是一些核心策略：

1.危机预防机制的建立

预防机制的建立包括质量检测、舆论监控和危机预警系统。

例如，许多企业通过大数据技术监控社交媒体中的舆情，分析潜在的危机苗头，并迅速评估可能带来的声誉风险。建立多层次的品牌危机预防机制可以提高企业面对品牌危机的准备度，使其能够更早地发现问题，避免危机的蔓延。

2.透明度和沟通

在危机事件发生后，透明度是挽救品牌信任的关键。消费者希望企业能够公开事实，并展示负责的态度。危机爆发后，品牌应迅速进行信息公开，与消费者保持积极沟通，避免产生不必要的猜疑。

3.品牌形象的修复措施

危机中的品牌保护还需要关注事后重塑品牌形象。

例如在某快餐连锁品牌出现"食品安全事件"后，企业投入了巨额资金用于食品安全技术提升和宣传，同时积极参与公益活动以改善公众印象。这种策略有效地帮助品牌重新获得了消费者的青睐。

品牌保护不仅是危机管理的应急手段，更是企业长期品牌战略的一部分。在品牌保护的长远规划中，以下几点至关重要：

1. 员工培训和企业文化建设

危机管理离不开全员参与，企业应重视品牌文化的构建和员工危机管理意识的培养。通过定期的培训，企业可以帮助员工了解危机对品牌的影响，鼓励他们在日常工作中遵守品牌管理的各项规定，从而形成品牌保护的内在动力。

2. 外部合作与监督机制

企业可以通过与第三方检测机构和品牌顾问合作，定期进行品牌检查，确保品牌在质量、服务等方面符合公众的期待。这类合作不仅提高了企业的品牌管控能力，还可以增加品牌的可信度。

3. 建立品牌危机后的信任重建计划

在危机后的品牌重建阶段，企业可以针对性的推出让消费者放心的行动方案，如推出新质量标准、建立消费者反馈渠道等措施。

某企业因产品检测不合格而被央视曝光，在消费者心中一度失去信任。后续，某企业首先在网站和社交媒体上公开致歉，表明事件的真实情况，并开展主动召回。之后，公司通过强化供应链管理和公开质量检测结果，逐步恢复了消费者的信任。

危机管理在品牌保护中的重要性不可忽视。通过建立健全的危机预防机制、及时透明的沟通、危机后的品牌重建等方式，企业可以有效抵御品牌危机带来的负面影响。正如市场众多案例所揭示的，品牌保护的核心是企业责任感的体现，是长期品牌管理的一部分。

二、从品牌危机中获得重生

在现代商业环境中，品牌危机不仅是企业可能面临的困境，更是品牌重新定位和焕发新生的契机。通过有效的品牌危机管理与重塑，企业可以扭转品牌形象，甚至实现品牌价值的全面提升，助力企业在市场中稳步前行。

品牌危机主要分为产品危机、声誉危机和管理危机三类。

产品危机通常源于质量问题，例如产品质量检测未达标，导致大批量召回事件；声誉危机则往往因负面舆论传播造成，例如在品牌形象上卷入社会争议；管理危机则多源于内部的经营不善或高层丑闻。这些危机虽各有成因，但共同之处在于，品牌在面临危机时，快速而有效的反应至关重要。

某咖啡自 2019 年上市以来，在中国市场上迅速崛起，但不久后因财务造假问题遭遇重大信任危机，股价暴跌，品牌形象几乎被毁。然而，在危机之后，此品牌采取了一系列有效措施，通过重建管理团队、改进财务管理机制、引入更具活力的产品线重新赢得消费者的信任。

以上案例显示，通过及时调整策略并持续优化管理结构，企业可以在困境中重塑品牌，实现逆势增长。

由案例总结和延伸，重塑策略包括以下几点：

★组织结构优化

通过更换 CEO、引入专业财务管理团队，展现了对提升企业透明度的承诺，使其在业界重新获得信任。

★产品与市场定位调整

迅速推出了新品系列，如冰咖啡和低糖健康饮品系列，以此契合市场对健康饮品的需求变化。对产品线的优化有效吸引了对健康消费重视的新兴客户群体。

★数字化重构

持续强化其数字化渠道，通过自有 APP 和线上营销活动，不仅提升了用户体验，还获得了精准的用户数据，有助于进一步制定针对性的市场策略。

通过这些措施，该咖啡品牌在两年时间内迅速走出危机并重返市场中心，成为品牌危机管理和逆向盈利模式应用的典范。

品牌重塑不仅仅是修复表面形象，更是从根本上重建品牌的核心价值，使品牌能够在危机中涅槃重生。以下是几个关键步骤：

关键步骤	具体内容
建立危机应对机制	品牌在日常运营中应预设危机管理机制，以快速识别并应对潜在的危机。 企业可以建立监控系统，收集并分析市场动态与消费者反馈，确保在危机出现时能够快速反应。
实施透明化策略	当危机发生时，品牌须及时公开问题并采取行动以修复客户关系。
利用逆向盈利重塑品牌价值链	品牌应在逆向盈利的指导下，从市场需求、产品服务、品牌理念等多方面重构价值链。

关键步骤	具体内容
数字化与社交媒体布局	随着消费者获取信息的途径多样化，品牌应积极利用数字化手段与消费者保持互动。

通过这些重塑策略，品牌可以逐步恢复市场信任并实现价值的全面提升。危机管理不仅是应对短期冲击，更是实现品牌转型与升级的关键。

品牌危机并非全然负面，通过有效的危机管理，企业可借此机会反思并优化品牌的核心价值。某咖啡品牌的案例表明，即便在最严峻的危机中，企业依然可以通过逆向盈利模式从中找到新生契机。

危机是品牌发展的压力测试，也是企业不断提升品牌价值的契机。

第三章
商业模式创新的盈利

商业模式创新的盈利指的是企业通过重新设计现有商业模式来创造新的价值获取方式，以提升盈利能力。

商业模式创新的核心在于优化价值主张、客户细分、分销渠道、收入模式及成本结构，使企业能够更好地满足客户需求，增强市场竞争力。

通过商业模式创新，企业可以提高客户满意度、市场覆盖率及利润率。例如，通过个性化定价、灵活支付及自动化等方式，企业不仅能留住客户，还能优化运营效率，减少成本支出，从而实现盈利增长。

商业模式的创新最终目标是帮助企业以创新为驱动力，通过差异化产品与服务吸引和维系客户，同时推动市场价值提升，实现企业和客户的双赢。

第一节　商业模式的设计与创新

商业模式不仅是实现利润的路径，更是企业在价值传递、客户细分、收入模式以及成本优化上的系统布局。有效的商业模式创新能在成本控制的同时提升服务体验，以灵活的渠道触达更多客户，确保企业在高效运营中获得稳定收益。

一、如何设计创新的商业模式

在激烈竞争的商业环境中，创新的商业模式可以让企业从传统市场规则中突围，占据新的盈利高地。下面将结合国内的实际案例与相关理论，探讨创新性商业模式的开发路径。

1. 用户需求为中心的创新思维

颠覆性商业模式往往从用户需求的深度理解和重新定义出发，突破传统产品或服务的局限。与其不断改良产品，不如重新构建用户的使用体验和消费价值。

中国电子商务巨头 J 公司便是一个典型例子。最初 J 公司以销售电子产品起步，通过提高物流效率和价格优势，迅速获得大量用户。然而，随着消费需求的多元化和竞争者的增加，J 公司不再单纯依赖商品销售，而是转向平台化运营，将用户引流至其他领域如图书、服装、百货等，实现跨行业盈利。

这种从单一品类切入再逐步拓展的方式，不仅满足了用户多样化的消费需求，也构建了用户与 J 公司之间更紧密的关联。这种创新不仅是对产品种类的扩展，更是对用户需求的深度探索，通过跨行业整合，J 公司建立了强大的生态系统，实现了用户价值的最大化。

2. 跨界整合与生态化布局

在传统的正向盈利模式中，企业往往只注重产品质量、价格和销售渠道。而颠覆性商业模式在构建时则更加关注生态化布局，将用户价值视为商业模式的核心。

例如，A 集团通过收购 Y 平台、T 平台、U 平台等媒体平台，构建了一个以电商、娱乐、金融等多领域协同的生态系统。这种跨行业整合的模式不仅加强了用户粘性，还通过整合资源形成了难以复制的竞争优势。

这种"生态盈利"模式的成功在于抓住了用户的高频需求，从多维度、多场景服务用户，并从用户的每一次使用中获得数据反馈，优化产品和服务。这一模式表明，通过生态系统的搭建，企业可以更有效地积累用户数据，实现精准营销，并进一步推动服务创新，进而建立差异化的核心竞争力。

3. 低成本策略与产品创新

成本领先策略是许多成功企业颠覆市场的有效手段。

以中国的义乌小商品市场为例，义乌的小商品企业通过低成本的生产模式迅速占领了国内外市场。然而，这一模式的成功并不仅仅依赖于价格低廉，更重要的是通过对生产流程的不断优化和供应链的高效整合，降低了交易和物流成本，从而让消费者获得更多实惠。

4. 资源整合与平台思维

资源整合是颠覆性商业模式的重要特征之一，即通过平台连接供应商、渠道和用户，实现商业资源的最优配置。平台化思维不仅可以帮助企业有效整合行业资源，还能为其他中小企业提供服务，形成双向互利。

M 平台从团购平台起步，逐渐扩展至外卖、旅游、酒店、生活服务等多个领域，其核心在于通过资源整合和服务创新，建立了一个以用户需求为驱动的多功能服务平台。

在这种平台模式下，M平台不仅是服务提供者，更是商家与消费者之间的桥梁。这种模式的关键在于数据驱动，通过对用户消费习惯的数据分析，精确匹配用户需求和服务，形成了企业、商户和用户的多方共赢。

5. 用户社群化与参与感的提升

在现代商业环境中，消费者的社群意识越来越强，企业通过建立与用户互动的社群，能够显著提高用户的参与感和忠诚度。

微信生态圈中的微商就是一个典型案例，许多小微企业通过微信社群进行商品推广，不仅降低了运营成本，还有效拉近了商家与用户之间的距离。

通过社群化的方式，微商能够深度挖掘消费者的潜在需求，通过用户推荐和社群口碑传播，迅速扩大市场影响力。这一模式的成功表明，通过赋予用户更强的参与感和归属感，可以有效提升用户黏性，从而达到以较低成本进行市场扩展的目的。

6. 创新盈利模式的持续优化

商业模式并非一成不变，而是需要根据市场环境和用户需求不断调整和优化。

以某酒店为例，其在传统酒店业务上进行了跨界整合，通过提供差异化服务吸引年轻一代消费者的需求。该酒店的盈利不仅来自酒店住宿本身，还涉及到生活服务和消费延伸，使酒店从单一住宿业务转型为多元化的生活服务平台。

通过创新盈利模式的不断迭代和优化，企业可以保持对市场变化的敏锐度，并通过调整策略快速适应市场需求。这不仅增强了企业的市场竞争力，也为企业在未来的发展中提供了更多的盈利机会。

创新商业模式的开发不仅依赖于技术和资源，更在于对用户需求的深刻理解和对商业资源的创新整合。通过从用户需求、跨界整合、成本策略、平台思维和社群化运营等多方面进行创新，企业可以在激烈的市场竞争中脱颖而出，占据新的盈利高地。

二、新兴行业的模式创新案例

随着全球化和数字化的深入发展，许多新兴行业应运而生，当前的商业模式创新已不仅仅局限于产品和服务，而是通过技术驱动、资源整合和生态系统的构建来打造产生独特的盈利方式。

以下将探讨几个典型的新兴行业创新案例，以展示其如何通过模式创新在激烈的市场中获得优势。

案例一

随着智能手机的普及，用户对及时充电的需求也越来越大。共享充电宝的出现，解决了用户在外出时电量不足的问题。

用户可以在繁忙的公共场所（如商场、咖啡馆、机场等）找到充电宝，按需租赁，使用后归还到任意一个充电宝投放点。这样有效利用了原本可能闲置的资源，提升了资源的使用效率。与传统购买充电宝相比，共享充电宝让用户在遇到需要时轻松借用，不必担心设备丢失或电池衰退的问题。

　　这一案例清晰地展示了共享经济如何通过创新模式解决实际需求，同时提升资源利用效率，促进了商业模式的多元化与发展。

　　案例二

　　近年来，在线教育行业呈现爆发式增长，尤其在"双减"政策的推动下，在线教育的创新模式逐渐聚焦于个性化学习。以 Y 为代表的在线教育平台，通过人工智能技术实现了学生学习行为的数据采集和分析，从而定制化学习方案，满足不同层次学生的需求。

　　Y 平台模式的创新在于以"教育＋科技"结合，构建了智能学习系统。该系统利用 AI 算法进行学习路径的推荐，提供即时反馈的互动教学体验。这种个性化学习模式不仅提升了学习效率，还加强了用户黏性，实现了从大规模标准化教育向个性化、精细化教育的转型。

　　案例三

　　新能源汽车行业近年来的迅猛发展带动了整个生态系统的重构。以 B 公司为例，其成功的关键不仅在于制造端的技术创新，更在于其产业生态圈的构建。B 公司在电池、电动汽车和充电基础设施等方面进行了全产业链布局，从原材料、电池生产到汽车制造，形成了完整的产业闭环。

　　B 公司的模式创新体现在通过垂直整合的方式，不仅控制了产业链关键节点的成本，还确保了产品质量的高度一致性。同时，B 公司积极推动新能源汽车的充电网络布局，联合各地政府和其他充电服务商建立充电桩网络，从而构建了较为完善的新能源汽车使用生态系统。这种模式下，B 公司不仅通过销量获得利润，还在充电服务、能源管理等环节获得了新的收入来源。

在中国的新兴行业中，商业模式创新不仅仅是应对市场变化的手段，更是获得可持续竞争优势的重要途径。这些企业通过借助数字化技术、优化资源配置、构建生态系统等手段，不断创新盈利模式，从而实现了价值创造。

第二节　平台型商业模式

在当前经济环境中，传统的商业模式面临竞争压力，而"平台型商业模式"已成为颠覆传统行业格局的关键创新力量。平台型商业模式的核心在于整合资源与连接供需，通过聚集用户、资源和数据，打破了传统商业中各环节的割裂，形成强大的网络效应。这种模式不仅能降低边际成本，还能通过多样化的收入渠道来提升盈利能力。随着数字技术的发展，越来越多企业正在从"产品导向"向"平台导向"转型，实现价值链条上的利益共享。

一、构建基于平台的盈利体系

在互联网快速发展的当下，平台型商业模式成为现代企业创新与盈利的关键手段。相比传统的线性商业模式，平台型盈利体系不仅打破了传统的盈利壁垒，更凭借自身的生态性和开放性，为企业带来持续性的收入来源。

平台型商业模式不同于传统商业模式的"产销"模式，而是致力于创建一个互动的生态系统。其特点主要包括以下几点：

特点	具体内容
网络效应	平台的核心是通过多方参与实现网络效应，即用户数量越多，平台价值越高。
数据驱动	平台通过收集和分析用户数据，优化用户体验和服务质量，实现个性化推荐，从而提升用户留存率。
多方参与，降低边际成本	平台通过聚集供需双方，并赋予双方一定的自主权，实现多方参与，进而有效降低运营成本。

M平台作为国内领先的生活服务平台，成功构建了以外卖、团购、酒店等多维度服务为核心的盈利体系，其平台型商业模式的成功体现了"连接多方、持续盈利"的优势：

★多元化盈利模式

M平台通过外卖平台抽佣、广告推广、会员制度等多元化盈利手段，保持了盈利的多样性和持续性。外卖平台的抽佣模式成为其核心收入来源之一，每笔订单中，M平台都会向商家收取一定比例的佣金，而广告推广收入则来源于商家购买的广告位展示。通过会员制度，M平台进一步锁定高频用户，并以优惠活动等方式刺激会员消费，带来更高的用户留存和消费频次。

★以技术驱动盈利增长

M平台利用大数据分析和AI算法实现精准营销，提升了用户体验。例如，通过对用户的历史订单、评价行为、常用地址等数据进行分析，

M平台可以精准推荐适合用户口味的餐厅，从而增加用户的下单概率。此外，AI技术的运用也使M平台在配送效率上得到了显著提升，优化了配送路径，节省了配送时间和成本，进而提升了整体利润。

★生态圈扩展

M平台不仅将业务集中于外卖，还扩展到酒店、旅行、共享单车等领域。通过将不同服务生态环环相扣，实现跨品类的流量转化。例如，用户在M平台外卖平台下单后，会通过推送被引导到M平台旅行页面，进一步促进多元化业务的增长。

为了成功构建基于平台的盈利体系，企业需要在以下几个方面发力：

发力方向	具体内容
用户增长与用户体验优化	用户数量的增加是平台模式下盈利增长的基石，而提高用户体验是提升用户留存率和活跃度的核心。企业可以通过大数据分析用户偏好，持续优化平台的功能和界面。
多元化的盈利模式	单一的盈利模式容易受到市场波动影响，因而平台企业应采取多元化盈利手段。
用户数据的高效利用	平台企业可以通过数据收集和分析，精准定位用户需求，并针对性地提供定制服务，从而实现用户粘性和忠诚度的提升。
生态圈扩展	在平台盈利体系中，通过建立跨品类的业务生态圈可以有效提升用户转化率和用户生命周期价值。
加强数据隐私保护	随着数据隐私问题日益受到关注，平台企业需要加强用户数据保护，确保数据处理的合规性和透明性，进而赢得用户信任。

技术创新的驱动	技术驱动是平台企业保持竞争优势的关键。M平台、A集团等不断在技术领域投入，提升算法的精度和平台的运营效率。
增强生态系统的稳定性	生态系统的健康发展是平台持续盈利的保证。企业可以通过支持商家发展、培养优质供应链等方式，优化生态系统中的服务质量，从而提高用户体验。

M平台的盈利体系表明，企业通过多元化收入、技术驱动和生态圈扩展等策略，能够构建可持续、稳健的盈利模式。

平台通过网络效应、数据驱动和多方参与，在用户增长和多元盈利上实现了重大突破。在此基础上，未来平台企业若要实现持续发展，必须紧跟技术创新，注重生态系统的健康和用户数据的隐私保护。

二、平台经济与多方盈利模式

★平台经济

平台经济通过构建多方参与的生态系统，使得不同的利益相关者能够在一个共享的空间中进行互动和交易。这种模式不仅促进了资源的高效配置，也创造了多样化的盈利机会。

平台经济的核心在于其双边或多边市场的特性，这种模式通过降低交易成本、提高匹配效率，连接起供需双方。

在此过程中，平台不仅提供了交易的基础设施，还通过数据分析和技术手段增强了用户体验。平台的成功往往依赖于网络效应：用户越多，平台的价值越高。为了维持这一优势，平台企业通常采用创新的盈利模式。

TB平台实现了从传统商业模式到平台经济的转型，其作为一个线上交易平台，将卖家和买家直接联系起来，消除了中间环节，降低了交易成本。通过这种方式，TB平台不仅成功吸引了大量的商家入驻，还为消费者提供了丰富的选择。

★多方盈利模式

多方盈利模式是指一个商业模型中，多个参与方（如消费者、供应商、合作伙伴等）通过相互作用和协同合作，创造价值并实现各自盈利的机制。这种模式通常应用于平台型企业或生态系统，能够在不同角色之间形成良好的互动和利益共享。

多方盈利模式具有以下关键特征：

关键特征	具体内容
多方参与	多方盈利模式涉及多个参与者，每个参与者在交易过程中扮演不同的角色，如提供服务、产品、资金等。各方的利益相互依赖，共同创造价值。
价值创造与分配	该模式强调价值的创造与分配，各方根据贡献程度获得相应的收益。例如，在共享经济平台上，平台提供连接服务，而用户和服务提供者根据交易获得各自的价值。
平台或中介角色	多方盈利模式通常依赖于一个平台或中介，将不同的参与方聚集在一起，促进交易和互动。平台通过提供技术和服务，降低交易成本，增强交易效率。
多样的收入来源	该模式下，可以通过多种方式实现盈利，如交易手续费、广告收入、增值服务等。这样可以降低对单一盈利来源的依赖，提高业务的可持续性。

TB平台的盈利模式主要来源于广告费用、交易佣金和增值服务。首先，商家在TB平台上投放广告以提高曝光率，从中获取流量和销量；其次，平台对每笔交易收取一定比例的佣金，这成为了TB平台的重

要收入来源；最后，TB平台还提供支付、物流等增值服务，进一步拓宽了盈利渠道。

平台经济的兴起为企业带来了前所未有的机遇与挑战。通过案例分析可以看到，互联网企业在平台经济中，通过创新的商业模式实现了多方盈利。

未来，企业需要不断优化和创新其商业模式，以适应快速变化的市场环境，从而在竞争中立于不败之地。平台经济的发展不仅需要技术的支持，更需要灵活的商业思维和对市场变化的敏锐洞察。

第三节　用户为中心的商业模式

用户为中心的模式并不仅限于提高客户体验，它还包括通过数据分析和技术应用来精准识别目标客户，提升客户忠诚度，并减少资源浪费。通过有效的创新与资源配置，企业能够不断适应市场变化，实现长期稳健的盈利，达成价值共享的目标。

一、用户参与下的共创经济

共创经济理论源于现代市场营销学和服务主导逻辑（SDL）。服务主导逻辑认为，价值的创造不仅仅依赖于产品的交付，而是通过与消费者的互动，在服务交换中实现的。在这一背景下，用户不仅是消费产品的终端，还是创新过程中的重要参与者和合作者。

用户参与的共创模式使得企业能够通过用户反馈快速迭代产品，满足个性化需求，提高市场适应能力。同时，用户的参与增强了对品牌的忠诚度，形成了一种自我驱动的营销生态。

在中国，共创经济的典型案例有 M 品牌的手机和 H 品牌的火锅。

案例一：X 品牌的手机

X 品牌在其发展过程中，始终强调与用户的紧密联系。通过 MIUI 系统的用户反馈机制，积极收集用户意见，在产品开发和迭代中充分吸纳用户的声音。例如，在 X 品牌手机的升级中，用户的建议被及时转化为功能优化，提升了用户体验。X 品牌还在其官方论坛上建立了活跃的社区，用户可以参与到产品设计、功能测试及问题解决中，形成了一种"用户共创"的强大生态圈。

这种策略不仅使 X 品牌在激烈的市场竞争中脱颖而出，还建立了用户对品牌的深厚忠诚。用户成为了品牌的"代言人"，通过社交媒体主动推广 X 品牌产品，进一步扩大了其市场影响力。

案例二：H 品牌的火锅

H 品牌的火锅通过关注顾客的用餐体验，积极倾听用户反馈，将用户的建议融入到服务和产品的改进中。比如，在顾客用餐时，提供免费的小吃和饮品，创造了独特的用餐体验。更重要的是，管理层经常与顾客互动，了解他们的需求和建议，并迅速做出调整。

此外，还建立了顾客意见反馈机制，通过问卷调查、线上评价等多种方式，收集顾客对菜品、服务及环境的意见，形成了一套闭环的用户反馈系统。这不仅提高了顾客的满意度，也促使企业不断优化服务流程和产品质量，最终实现了企业与顾客的双赢。

用户参与下的共创经济，不仅是商业模式创新的必然趋势，更是企业实现可持续发展的重要途径。通过主动倾听用户声音，企业能够快速响应市场变化，提高产品和服务的适应性，进而提升用户的忠诚度和满意度。

二、用户驱动型盈利的核心逻辑

在当今竞争激烈的市场环境中，用户驱动型盈利的核心逻辑不仅是企业盈利的基础，也是商业模式创新的重要驱动力。用户驱动型盈利强调通过深刻理解用户需求，以用户为中心来制定商业策略，从而实现可持续的利润增长。

以下将通过几个方面阐述这一核心逻辑。

1. 用户需求的深度洞察

用户驱动型盈利的第一步是对用户需求的深度洞察。企业需要通过数据分析、用户调研等多种方式，深入了解用户的真实需求、偏好和行为。

E外卖平台通过分析用户的消费数据，发现不同城市用户对餐饮类型的偏好差异，从而根据这些差异进行市场细分，推出个性化推荐。这种基于用户需求的精准营销不仅提升了用户满意度，还极大地增加了订单量。

2.用户体验的持续优化

用户驱动型盈利的第二个关键在于持续优化用户体验。用户体验不仅仅关乎产品的功能，更涉及到用户在购买和使用过程中的整体感受。

以 W 线上购物平台为例，其通过不断更新界面设计、增加智能推荐算法、优化搜索功能等，持续提升用户的购物体验。此外，还通过消费者评价和反馈机制，不断调整商家服务和产品质量，确保用户满意度始终保持在高水平。

3.用户参与与社区建设

用户参与是实现用户驱动型盈利的重要手段。通过建立用户社区，企业可以鼓励用户在平台上分享使用体验、交流心得，形成良好的用户生态。

以 X 平台为例，其成功地构建了一个以用户为中心的生态系统。X 平台通过用户发帖、回复的方式的形式组成互动社区，各位商家在与用户的日常互动中吸取反馈意见，不仅增强了用户的参与感，也使产品更加符合市场需求。通过这种方式，成功建立了强大的品牌忠诚度，进而实现了持续盈利。

4.灵活应变与创新

在用户需求和市场环境快速变化的背景下，企业必须具备灵活应变的能力。用户驱动型盈利要求企业能够快速识别市场变化，及时调整商业策略。

P 平台是中国电商领域的一匹黑马，其成功的背后正是用户驱动型盈利的生动体现。P平台通过拼单模式吸引大量用户参与，依靠"社交＋电商"的创新模式，实现了用户的快速增长。P平台充分利用了社交网络的力量，鼓励用户分享购买链接，通过用户的传播效应，降低了获客成本。这一模式不仅满足了用户的购物需求，还激励用户形成社交互动，进一步提升了平台的活跃度和用户粘性。

用户驱动型盈利的核心逻辑在于通过对用户需求的深入洞察、持续优化用户体验、促进用户参与以及灵活应变与创新，帮助企业实现可持续的盈利增长。在这一过程中，企业不仅要关注自身的产品和服务，更要时刻把用户的需求和体验放在首位。

第四节 订阅与会员制盈利模式

在当今数字经济和消费升级的背景下，订阅与会员制已成为企业提升盈利的重要手段。这种模式打破了传统的单次购买方式，通过持续提供独特的价值，让客户获得更多的产品和服务体验，同时也为企业创造出稳定、可预测的现金流。

一、持续收入流的创造

在当今商业环境中，持续收入流的创造成为了企业盈利的重要策略之一。尤其是订阅和会员制盈利模式，凭借其能够带来稳定现金流和增强客户黏性的优势，越来越受到各类企业的青睐。这一模式不仅适用于传统的报刊杂志、软件行业，更在许多新兴行业中崭露头角，如在线教育、电子商务及健康管理等。

在讨论持续收入流的创造时，我们必须理解其核心在于建立与消费者的长期关系，而不仅仅是一次性的交易。企业在过设计合适的订阅和会员制度时要考虑以下要素。

1. 以用户为中心的价值创造

成功的订阅与会员制盈利模式通常围绕着用户的需求展开。企业需要深入了解目标用户的痛点和偏好，以提供个性化的产品和服务。

例如，某在线教育平台通过对用户学习习惯的分析，提供定制化的学习课程和个性化的学习计划，从而有效提升用户的满意度与续订率。

2. 提供持续的附加价值

为了保持用户的持续订阅，企业必须不断提供附加价值。这可以通过定期更新产品内容、推出新服务或增加会员特权来实现。

例如，中国某知名视频网站在用户订阅的基础上，定期推出独家内容和原创剧集，吸引用户持续观看并续费订阅。这种不断更新和创新的策略不仅增加了用户的使用时长，也增强了他们对平台的依赖。

3. 形成高效的客户生命周期管理

企业应建立有效的客户生命周期管理机制，通过数据分析来优化用户体验和提升续费率。

比如，某国际知名健身机构，通过对用户运动数据的分析，制定个性化的健身方案，并在适当的时机推送激励措施，鼓励用户持续参与。这不仅提高了用户的活跃度，也有效降低了用户流失率。

4.精细化运营与数据驱动决策

精细化运营是实现持续收入流的重要手段。通过对用户行为的实时监测与分析，企业可以更精准地调整营销策略和产品定价，收获最大化收入。

例如，一家在线音频平台通过分析用户的听歌习惯，能够及时调整推荐算法，为用户提供更符合其口味的音乐，从而提升用户的使用满意度和平台的粘性。

再以某平台为例，该平台通过设置订阅功能，让用户可以根据自己的兴趣选择内容，形成个性化的信息流。同时，该平台还提供了创作者分成的激励机制，鼓励优质内容的产生，进一步提升了用户的粘性与付费意愿。

综上所述，持续收入流的创造依赖于企业在订阅与会员制盈利模式上的深入思考和创新实践。

通过提供高价值、个性化的服务，企业能够与用户建立长期的信任关系，从而实现持续的盈利增长。随着消费者消费习惯的变化和数字化进程的加快，订阅与会员制盈利模式的潜力仍将不断被挖掘，成为未来商业的重要趋势。

二、会员制在不同领域的应用

在当今商业环境中，会员制和订阅模式的盈利模式正在各个行业得到广泛应用，成为企业获取稳定收入的重要手段。通过会员制，企业可以与顾客建立更加紧密的关系，增强用户黏性，进而提升客户终身价值。

以下将探讨会员制在不同领域的具体应用，并结合实际案例进行分析。

1. 零售行业

在零售行业，会员制已经成为吸引顾客的重要策略之一。许多大型超市和电商平台，采用会员制为消费者提供独特的购物体验。通过会员身份，顾客不仅可以享受折扣，还能够获得积分、专属活动等权益。

例如，J平台的会员制通过提供各种购物优惠，包括免运费、专享折扣和专属商品。此外，J平台还通过会员积分系统，鼓励用户积极消费，提升了顾客的复购率。

2. 健身行业

健身房和健康俱乐部广泛采用会员制，以确保稳定的现金流和顾客群体。

K作为知名的健身应用和品牌，不仅提供在线健身课程，还推出了会员制度。K的会员可以享受独家的健身课程、专业的教练指导，以及参与特定的线下活动。这种会员制不仅增强了用户的参与感，也促进了用户的持续消费。

3. 文化和娱乐行业

在文化和娱乐行业，会员制的应用也颇具成效。

T和A等视频平台通过会员制度为用户提供优质的观看体验，如无广告、高清画质和独家剧集等。

根据最新的财报，A 视频平台的会员收入占总收入的很大一部分，显示了会员制对其盈利的重要性。

4. 教育行业

随着在线教育的发展，许多教育平台也采用了会员制来吸引和留住用户。

DL 是一家提供在线语言学习的 APP，其会员制通过定期的课程安排和个性化的学习计划来吸引家长和学生。

家长为孩子购买的课程包中，包含了更多的学习资源和课外活动，这种模式提升了客户的忠诚度，同时确保了稳定的收入流。

5. 旅游与酒店行业

在旅游和酒店行业，会员制被广泛应用于客户忠诚计划。

例如，XC 旅游平台的会员制通过积分系统激励用户频繁使用其平台进行预订，积分可以兑换成折扣或旅行礼包。同时，一些高端酒店连锁推出的会员计划则提供房价折扣、免费早餐等服务，以吸引消费者成为长期客户。

调查数据显示，某酒店的会员计划显著提高了顾客的回头率，增强了客户黏性。

6. 社交媒体与内容创作

随着内容创作和社交媒体的发展，许多平台也开始实施会员制。

例如，Z 平台的用户支付会员费后可以享受独家内容、无广告浏览等特权。

这种会员制不仅为知乎提供了稳定的收入来源，也帮助平台更好地维护高质量的内容生态。

　　总的来看，会员制在各个领域的应用均体现出其强大的盈利能力和客户维护效果。通过建立会员制度，企业能够更好地理解顾客需求，提高客户满意度，增强客户忠诚度，从而实现长期盈利。

　　越来越多的企业意识到会员制的重要性，并通过创新的会员服务来提升用户体验，推动业务增长。未来，随着市场竞争的加剧，会员制将继续成为各行各业的重要盈利模式，助力企业在变革中持续创新与发展。

第四章
运营管理与系统化盈利

运营管理与系统化盈利是指企业通过系统化的方式，将盈利目标与日常运营流程紧密结合，从而在提升效率的同时，实现持续的利润增长。

系统化盈利的核心在于以数据驱动决策，通过精细化的管理模式，明确各部门、各流程的绩效目标。

在运营管理方面，系统化盈利强调标准化流程、风险控制和效率提升。利用管理系统、ERP 软件和自动化技术，企业可以减少人工操作，提升生产与服务效率，实现从供应链到客户服务的全链条优化，确保利润的持续性。

运营管理与系统化盈利不仅仅是盈利模式的改善，更是企业整体管理水平的提升。它帮助企业实现由内而外的全面增值，在竞争激烈的市场中稳步前行并不断优化收益。

第一节　流程优化与效率提升

随着市场竞争的加剧和消费者需求的多样化，企业必须不断审视和调整其运营流程，以便在资源有限的情况下，创造最大化价值。流程优化不仅能够降低成本，提升产出，还能增强企业的灵活性，使其能够迅速响应市场变化。

一、如何通过流程优化提升盈利

流程优化的目标是通过精简和重组，使企业内部流程更加流畅，以最低成本和最快速度实现高质量的产品或服务。

企业流程通常包括产品开发、生产、销售和售后服务等环节。在这些环节中，资源配置、人员调度、信息流通等均直接影响企业的运营效率。传统管理模式多采用分散式管理，导致信息不对称、资源浪费和重复工作等问题。

流程优化将这些工作进行系统化重组，通过整合资源、简化流程、减少中间环节来提升效率和降低成本。

E平台通过对外卖服务的流程优化，不仅降低了订单处理时间，还提高了配送效率，使顾客的等待时间大幅缩短。通过算法优化配送路径，合理安排骑手的取餐和送餐顺序，同时与线下商家的合作，实现了服务的标准化。这一系列优化措施使E平台在提高用户体验的同时，也大幅提升了利润。

流程优化在多个场景中对企业盈利产生积极影响，包括生产线改造、供应链管理和客户服务流程等。

1.首先，在生产线改造中，流程优化可以缩短生产周期，提高生产效率。

HE集团在生产家电时，通过"模块化制造"方式，将产品生产分解为多个模块，使生产线可以快速响应订单变化，大幅减少了生产的等待时间和库存量。HE集团的模块化制造系统优化了资源分配，消除了工序浪费，为企业带来了显著的盈利增长。

2.其次，在供应链管理中，流程优化可通过与供应商的高效对接，确保物料及时供应，减少库存成本。

某购物平台通过采用大数据分析技术，将消费者需求与库存管理直接关联，极大地降低了库存积压和物流成本。通过优化供应链流程的策略使其在激烈的电商竞争中维持了较高的盈利水平。

3.最后，客户服务流程中，流程优化可以提升客户满意度，促进客户复购。

某企业在用户的反馈处理流程中，使用智能客服系统来筛选和分类用户需求，减少了人工客服的工作负担。智能客服通过自动回答常见问题和引导用户自助处理简单需求，使得用户体验大幅提升，同时也降低了企业的人工成本。这种优化不仅提高了用户粘性，还帮助该企业在激烈的支付市场中站稳脚跟。

企业在进行流程优化时，通常可以分为以下几个步骤：

步骤	具体内容
流程梳理	首先，企业需要对现有流程进行详细梳理，明确每个环节的操作步骤和资源投入，找出冗余环节和低效操作。
瓶颈识别	通过数据分析，识别出影响效率和成本的主要瓶颈。例如，在生产线中，某一工序过于繁琐，导致生产速度减缓，可能成为流程的瓶颈。
优化设计	针对瓶颈问题，设计新的流程方案，并考虑资源配置和时间管理。在这个阶段，企业可以采用自动化技术，如机器人流程自动化（RPA）或大数据分析来简化流程。
测试与反馈	对优化后的流程进行测试，收集相关数据，并与原流程进行比较，以确保新的流程方案在效率和成本上具有优势。

步骤	具体内容
持续改进	流程优化不是一次性的工作，企业需要根据实际操作效果，持续监测和改进流程，确保其能始终适应业务发展和市场需求的变化。

尽管流程优化能为企业带来显著效益，但实施过程中也面临挑战。

★首先是员工的抗拒心理

新的流程往往会改变既有的工作方式和习惯，员工可能感到不适应。企业可以通过培训和引导，让员工理解流程优化的必要性，逐步接受和适应变化。

★其次是技术支持的难题

在许多企业中，流程优化依赖于自动化技术或信息系统的支持。企业应当投资于技术创新，同时确保员工具备操作新系统的技能，以最大化流程优化的效益。

随着技术的进步，流程优化将逐渐向智能化、数据驱动的方向发展。企业可以利用人工智能、物联网和大数据等技术，实现流程的自动化和智能化。通过实时数据分析，企业可以更精确地预测需求、调整生产和库存，进一步优化供应链管理。

某电商平台上引入了智能仓储系统，通过机器人自动分拣商品，显著提升了发货效率。此外，还借助数据挖掘技术分析用户行为，预测购物需求，从而优化库存管理。这种智能化的流程优化不仅减少了库存成本，也提高了商品的周转率，为平台带来了巨大的经济效益。

流程优化是企业实现系统化盈利的有效手段。通过对流程的梳理、瓶颈识别和优化设计，企业可以在多个环节中提高效率、降低成本，最终提高盈利水平。

然而，流程优化并非一劳永逸，企业需要不断适应市场变化，持续改进流程，以应对日益激烈的市场竞争。随着技术的进步，流程优化将更加依赖智能化和数据驱动，企业应当积极引入新技术，提升自身的竞争力。

二、数据驱动的运营决策

数据驱动的运营决策建立在两个核心理论之上：大数据分析和决策科学。

大数据分析通过采集、存储和分析多维度的数据，揭示了企业和用户之间的关系。通过数据，管理者可以发现用户需求的变化、市场趋势的波动，进而制定动态应对策略。

决策科学则是借助数学模型和算法对大数据进行深度分析，通过模拟和预测帮助企业制定符合实际需求的决策。

在流程优化中，数据分析能够识别出冗余步骤和低效环节。通过数据驱动的运营模式，企业能够实时监控运营情况、发现流程中潜在的效率瓶颈。

数据驱动的运营管理不仅仅是针对某一个流程进行优化，而是涵盖了从数据收集、分析到反馈执行的全链路改进。企业通过大数据分析和实时监测，能够快速响应市场的变化和用户的反馈，使得决策更为敏捷。

此外，数据驱动的运营管理帮助企业打破了信息孤岛。通过信息系统的集成，各部门可以实时共享数据，形成协同效应。

某酒店通过大数据分析和系统化管理，优化了酒店的定价策略和用户体验。通过对历史入住数据和用户评价的分析，酒店能够精准预测淡旺季客流量、调整房价，实现了收益的最大化。

随着 AI 技术和深度学习算法的不断进步，数据驱动的运营决策将更加智能化和个性化。企业可以利用数据更深入地洞察用户需求，提供更加个性化的服务。

例如，银行 APP 通过用户的支付数据分析，智能推荐金融产品和理财建议，帮助用户更好地管理个人资产。这种数据驱动的智能化服务模式，不仅提升了用户体验，还可以带来新的收入增长点。

数据驱动的运营决策使企业具备了灵活应对市场变化和用户需求的能力。通过实时数据采集和分析，企业能够更高效地调整决策和资源配置，优化运营效率。

在国内，各个行业领先企业的成功案例表明，数据驱动不仅是提升效率的工具，更是企业迈向智能化管理和盈利的必要条件。

第二节　自动化与智能化系统

通过引入自动化系统，企业不仅可以简化日常运营，还能解放人力资源，使员工将更多精力投入到更具创造性和战略性的任务中。此外，智能化系统的应用能够实时监控市场动态和客户需求，帮助企业迅速调整策略以应对变化。

一、采用技术提升运营效率

在系统化盈利中，自动化与智能化系统是现代企业提升运营效率、降低成本的核心工具。通过引入智能化的生产管理与流程优化系统，企业能够更快速地响应市场变化，满足客户需求并实现更高效的资源分配。

一些企业借助自动化技术实现了效率提升，通过搭建完善的智能化系统，实现了资源的高效整合和盈利能力的持续提升，成为行业内的佼佼者。

其优势主要在以下三个方面体现：

1.智能管理系统：数据驱动决策

智能化管理系统通过实时监控和数据分析，为企业决策提供了精准的信息支持。这种方式不仅提高了工作效率，还减少了人为错误的发生。

2. 自动化生产系统：降低人工成本

在制造业和服务业中，自动化技术已成为提升生产效率、降低人工成本的重要手段。

例如，现在的物流中心大量应用了无人仓库和无人配送技术，通过自动化分拣和配送机器人实现了全天候、全流程的自动化运营。自动化的分拣设备不仅极大地提升了分拣速度，还降低了对人力的需求，在物流时效性和成本控制上更具优势。

3. 优化供应链管理：协同与透明

随着市场需求的不断变化，企业需要通过高效的供应链管理来适应复杂多变的市场环境。

自动化和智能化供应链系统可以有效地整合上下游资源，实现跨部门的无缝协作，减少供应链环节中的时间延误。这种智能化供应链的应用大大缩短了产品从工厂到消费者手中的时间，提高了客户满意度和公司收益。

Y快递通过使用人工智能和大数据分析优化物流路线，提升了快递投递的效率。例如，他们利用智能学习算法预测包裹的高峰时段，根据实时数据调整配送人员的安排和配送车辆的路线，从而减少了运输时间和成本。

尽管自动化和智能化系统在提升效率方面具有显著优势，但在实际应用中也面临挑战。

首先是技术投入的成本较高，特别是对于中小企业来说，建立一个全面的自动化和智能化系统需要相当大的资本。其次，智能化系统在应用过程中需要不断维护和升级，以适应市场和技术的发展。因此，企业需要制定合理的成本预算和技术维护策略，以确保系统的稳定和持久应用。

然而，从长远来看，自动化和智能化系统的应用将继续深入推进，并成为企业运营不可或缺的一部分。随着人工智能、物联网等技术的发展，智能化系统将更加高效、智能化和低成本，使企业能够实现更高的运营效率，创造更多价值。

二、智能化工具在盈利中的应用

在当前经济转型和数字化加速发展的背景下，智能化工具在企业盈利中的重要性愈发凸显。自动化和智能化工具不仅提升了企业的效率，还通过数据驱动的分析决策优化了各类业务流程。这些工具的应用不仅是现代企业应对竞争压力的必然选择，更是帮助企业在微利期或无利期实现逆向盈利的关键手段。

以下通过几个具体案例，解析智能化工具在不同场景下的实际应用与效果。

案例一

F企业作为全球领先的制造业巨头，通过引入"工业互联网"来实现生产自动化，以提升生产效率并降低成本。该企业在中国的多个生产基地都部署了智能化生产设备，通过自动化和物联网技术实现了生产流程的实时监控和自动化调节。其工业互联网平台可以在生产的各个环节进行数据采集，利用大数据和人工智能来预测设备维护需求、调整生产计划，从而减少设备故障率和停工时间。这一系统不仅有效提升了产能，还将产品的不良率降低至极限。

F企业的智能化升级不仅改善了传统制造业"低效、人工成本高"的局面，还降低了人力资源的投入。这种智能制造模式已经成为制造企业争相效仿的对象，尤其是在劳动力成本逐年攀升的背景下，智能化生产为企业的可持续盈利提供了坚实的保障。

案例二

Z银行作为国内领先的商业银行之一，近年来加大了智能化客服的投入，以提升用户体验并降低运营成本。该银行通过引入智能客服机器人，可以在客户咨询量高峰期分担大量重复性问题解答的工作。这些智能机器人基于自然语言处理技术，能够快速理解用户的咨询内容，给出相应的回答，甚至在一些复杂问题上引导用户到合适的人工服务部门。

智能客服的应用不仅提高了客户问题的处理效率，还通过收集用户咨询数据来进一步优化银行的服务流程。

相比传统人工客服，智能客服不仅提升了用户体验，还帮助银行节省了人力成本。在此基础上，Z银行还引入了智能推荐系统，通过分析客户的行为数据，精准推荐适合的金融产品，以提高客户的满意度与银行的盈利能力。

案例三

SF 企业作为物流行业的龙头，通过无人机技术的应用提升了配送效率。在中国一些地形复杂或偏远的地区，该企业利用无人机进行短途配送，实现了"最后一公里"物流服务的智能化。无人机的引入有效解决了物流行业的效率瓶颈，尤其在配送时效性极高的生鲜和医药行业，无人机可以大幅减少配送时间。

无人机配送不仅降低了人工配送的成本，还实现了物流环节的高效自动化。SF 企业还计划将无人机配送与仓储管理系统整合，使得仓库、配送中心和客户之间实现更高效的数据对接和物品转移。无人机等智能化工具的应用，不仅提升了客户的服务体验，也帮助 SF 企业在物流成本和配送时效上建立了显著优势。

案例四

"城市大脑"是智能化在跨行业协同中的典型案例。该系统利用数据智能分析与人工智能技术，对城市的交通、环保、公共设施等进行统一调度和管理。

以杭州为例，"城市大脑"通过智能化调度系统，可以在几秒钟内分析并优化城市的交通信号，减少交通拥堵，提升出行效率。

"城市大脑"将公共交通、能源管理、医疗等多个系统进行数据化整合，不仅提高了城市资源的利用效率，还在治理成本上实现了极大节约。通过"城市大脑"的大数据资源整合和平台服务收费模式，不仅带来了直接收益，还为公司未来在更多城市的智能化服务铺平了道路。

综上所述，智能化工具在盈利中的应用已经覆盖了多个行业，并通过大数据、人工智能等先进技术手段在生产、客服、物流和城市管理等领域实现了系统化的升级和成本的优化。随着智能化工具的进一步发展，企业可以更精准地挖掘市场需求、优化资源配置，并在激烈的市场竞争中获得更大的盈利能力。

第三节　全面预算与成本管理

成本管理是预算实施的重要保障，通过精细化管理，企业能够识别和消除不必要的支出，从而提升整体效率。通过合理的预算与成本管理，企业不仅能在竞争中保持优势，还能应对市场变化，实现可持续增长。

一、如何实现全面预算的盈利支持

全面预算管理不仅是财务部门的任务，也是整个公司需要参与的系统性管理活动。企业通过全面预算管理，将业务、财务、生产等多方面的计划整合，形成涵盖收入、成本、费用、现金流等方面的完整预算体系，从而为企业决策提供参考依据。

在许多成功企业中，全面预算已成为管理效率的重要保证。在实际操作中，全面预算的实现路径可以分为以下几个步骤：

1. 战略目标的确定与分解

全面预算的编制首先需要企业明确战略目标，这一过程主要包括盈利指标、市场份额、成本控制等方面的目标。通过将公司总体目标层层分解至各个部门和个人，确保每一部分的目标都能够支撑最终的战略目标。

2. 收入与成本预算的详细分析

收入预算是全面预算管理的重点，而成本预算则是实现盈利的核心要素之一。在这方面，很多企业都会采用"目标利润反推法"，即从目标利润出发，计算出各项成本的允许范围，从而确定成本控制的目标。

3. 现金流管理与预算执行

现金流是企业维持正常运营和实现利润的核心。全面预算不仅仅关注收入和支出，更重要的是关注现金流的充足性。许多企业在预算执行中对现金流量表的关注度较低，导致后续的资金链问题。

4. 建立动态调整机制

预算编制并非一次性工作，而是一个动态调整的过程。企业应根据外部市场环境和内部经营情况，定期对预算进行调整。

在数字化时代，信息技术为企业全面预算的实施提供了更多的支持。预算编制过程的复杂性需要企业引入信息化管理工具，如 ERP 系统、预算管理系统等，借助这些系统可以大大提高预算管理的效率和准确性。

在互联网行业，企业往往面临市场变化快、竞争激烈的挑战。以

A公司为例，该公司通过构建完整的预算体系，涵盖了从收入到利润的每个环节。A公司还将预算目标分解到业务、财务、人力资源等各个部门，并通过定期调整和数据分析，确保预算执行的准确性。A公司的全面预算管理，不仅有效地控制了运营成本，还确保了资金的高效运作和资源的合理分配，为公司盈利目标的实现提供了坚实的支持。

尽管全面预算管理能够支持企业实现盈利，但实际操作中仍然面临不少挑战：

1. 预算准确性和可执行性问题

全面预算的一个关键在于数据的准确性和可执行性。预算数据的准确性直接影响到后续的执行效果。对于许多中小企业来说，数据的采集与分析能力不足，导致预算执行的有效性受到影响。

2. 部门协作问题

全面预算管理需要各个部门的协作，但在实际操作中，部门间信息不对称、协作不足的问题常常导致预算偏差。因此，企业在实施预算管理时，需要建立有效的沟通机制，确保各部门协同一致。

3. 预算调整与动态管理

市场环境的变化要求预算具有一定的弹性，因此企业在全面预算的管理过程中需注重动态调整。企业需要建立实时的监控与反馈机制，根据实际经营情况灵活调整预算，使预算管理更贴合市场需求。

全面预算管理作为企业运营中的重要管理工具，不仅可以帮助企业实现成本控制、提高盈利能力，还能够提高企业的资源利用效率和市场竞争力。通过建立科学、合理的全面预算体系，企业能够实现各项资源的有效分配和成本的严格控制，最终支持企业的盈利目标。

结合实际案例可以发现，全面预算管理并不仅仅是一种财务管理手段，更是企业适应市场变化、提高经营效率的重要管理模式。

二、成本管理对企业利润的影响

成本管理的核心是对成本进行有效控制和分配。企业的成本结构包括固定成本和变动成本，其中固定成本（如场地租金、设备折旧等）在短期内较难改变，而变动成本（如原材料、劳动力费用等）可以通过管理和优化加以控制。因此，企业管理者应致力于降低可控的变动成本，同时有效利用资源来提升生产效率。

在成本管理中，通过精细化管理和自动化技术的应用，企业可以更准确地掌握每项成本的实际开支并及时进行调整。

以下是影响成本管理利润的路径：

1. 成本控制与利润直接关系

企业需要在收入和成本两方面做出平衡，以提高利润率。

成本管理的一个基本目标是最大化利润，而利润的计算公式为收入减去成本。因此，在收入不变的情况下，成本的减少将直接增加利润。现代财务管理强调利润率、资本回报率等关键指标，这些指标不仅反映企业的经营状况，还指导企业的经营策略。

2. 资源优化配置

科学的成本管理不仅仅是削减支出，还包括对资源的优化配置。企业可以通过预算管理，将有限的资源合理分配到各个业务单元，从而提高整体效率。

GL 企业是中国家电行业中成本管理的成功案例之一。20 世纪 90 年代，GL 企业通过价格战在微波炉市场中建立了独特的市场地位。在这一过程中，该企业不断压低生产成本并实现了规模经济。通过规模化采购和精益生产，该企业成功地将生产成本控制在同行业的最低水平，这种"价格屠夫"策略大幅削减了市场上的其他竞争对手数量，使其在微波炉市场中一度占据主导地位。

某企业的成本管理方法主要体现在以下几个方面：

成本管理方法	具体内容
固定成本削减	通过自动化生产线和设备改进减少人工投入，将固定成本压缩至最低。
变动成本优化	通过大宗采购与规模化生产，降低了生产过程中的材料和人工成本，进而在市场上具备了价格竞争力。
市场占有率提升	成本优势使得产品能够以低于市场平均水平的价格进行销售，抢占了大量市场份额，进一步降低单位成本。

通过大数据分析、人工智能等技术手段，企业可以更准确地预测需求变化、优化供应链，进而降低库存成本。

国内领先的电商平台，都已经通过人工智能和大数据技术提升库存管理效率，减少了仓储成本，提高了利润率。这一趋势表明，智能化成本管理将成为未来提升企业利润的重要手段。

成本管理对企业利润的影响体现在成本控制、资源优化配置以及智能化趋势上。科学的成本管理不仅能够帮助企业在激烈竞争中保持价格优势，还能通过提高运营效率直接提升企业的利润。随着智能化管理系统的普及，企业的成本管理将更加精细化和智能化，从而更好地助力利润最大化。

第四节　内部控制与风险管理

在现代经济环境中，内部控制不仅仅是为防范舞弊和失误而设立的机制，更是企业实现战略目标、提高经营效率和保障财务报告准确性的重要保障。通过建立健全的内部控制体系，企业能够及时识别和应对潜在风险，从而在激烈的市场竞争中保持稳健发展。

一、内部控制体系的搭建

内部控制体系是指通过制度、流程和人员来规避潜在的经营风险，从而确保企业资产安全、经营效率和财务报告可靠性的一系列管理活动。

在国内市场经济逐渐成熟的背景下，内部控制在企业中的地位越来越重要，其有效性直接影响到企业的长远发展和盈利能力。

1.内部控制体系的重要性

内部控制不仅是对公司日常业务的监督管理，更是对风险防范的一种未雨绸缪。无论企业规模大小，若缺乏内部控制，企业可能会面临严重的财务风险、经营风险，甚至法律风险。

近年来，一些企业因内部控制缺失而造成重大损失的案例屡见不鲜。

例如，某著名互联网公司因数据泄露导致客户信息被非法售卖，损害了公司的声誉，最终导致客户流失，股价暴跌。因此，有效的内部控制体系是企业避免此类风险、确保长期健康运营的重要措施。

2. 内部控制体系的主要内容

内部控制体系的搭建可以分为几个关键内容：控制环境、风险评估、控制活动、信息与沟通以及监控活动。这些要素协同作用，共同保障企业内部控制体系的有效性。

（1）控制环境

控制环境是内部控制体系的基础，包括企业的文化、管理层的态度、员工的诚信和道德观等。一个良好的控制环境可以使企业各部门明确自身职责，营造自律的工作氛围。

某知名地产公司注重文化建设，将合规与诚信放在管理的重要位置，以确保每位员工都能意识到合规的必要性，并将其作为工作准则。

（2）风险评估

风险评估是识别、分析并应对企业可能面临的风险。企业在发展过程中可能会遭遇多种不确定因素，如市场波动、政策变动等。近年来，随着中国监管力度的加大，许多企业需要对可能的合规风险进行全面评估。

国内某金融公司在进行业务扩展时，因未有效评估区域政策差异，导致多个分支机构违规，最终被罚巨款。由此可见，风险评估是内部控制中不可或缺的一环。

（3）控制活动

控制活动是为了减少或消除特定风险所采取的政策和程序，如分工制衡、权限管理、审批程序等。

国内某大型制造企业在供应链管理中，通过权限分离和流程审批来降低采购风险，防止采购人员与供应商之间的利益勾结。这种控制活动的执行，可以确保业务操作符合公司政策并降低舞弊风险。

（4）信息与沟通

信息与沟通是确保内部控制体系正常运行的重要渠道。企业在运行中产生的各类数据和信息需要及时、准确地传递到各相关部门，确保管理层能够及时了解企业运作情况。

某知名快递公司通过实施内部信息管理系统，实现从订单到配送的全流程监控，及时发现并纠正异常情况，保障了业务的稳定运行。

（5）监控活动

监控活动用于评估和改进内部控制体系的有效性，是确保内部控制持续适应企业发展需求的必要步骤。

国内某医药公司定期对内部控制流程进行审查和优化，以应对行业监管政策的变化，使公司运营更加合规、高效。

3.内部控制体系建设的具体步骤

搭建有效的内部控制体系通常需要经过以下几个步骤：

步骤	具体内容
制定目标与策略	内部控制的目标和策略应基于企业整体发展目标，以确保控制措施能够为企业带来实质性的效益。
风险识别与评估	识别潜在风险，分析其可能的影响和发生的可能性。然后根据风险水平设计相应的控制措施。
控制措施设计与实施	根据风险评估结果设计相应的控制措施，如岗位分工、权限管理、内部审计等，并确保这些措施得以有效实施。
人员培训与沟通	内部控制体系的有效性很大程度上取决于员工的理解和执行，因此企业应当重视对员工的培训与沟通，使每位员工都能理解其在控制体系中的角色和职责。
监控与改进	定期监控和评估内部控制的有效性，并根据企业实际情况和外部环境变化进行优化调整。

W公司作为全球领先的科技公司，内部控制体系的建设和风险管理策略具有高度的系统性。其内部控制重点在于将风险控制嵌入到各业务环节，形成从研发、生产到销售的全流程管理。

在W公司的供应链管理中，严格实施"分段审批制"，即供应商选择、合同签署、付款等环节均由不同部门负责，确保供应链的透明性和独立性。同时，W公司还设立了专门的风险管理部门，通过大数据分析和智能化工具，对全球供应链的各类风险进行实时监控。

在市场拓展方面，W公司通过完善的客户信息反馈系统，及时捕捉市场变化的信号，并根据各地区的合规性差异进行调整，有效规避了许多海外市场可能面临的合规风险。

4. 内部控制体系的持续改进

企业在内部控制体系建立后，不能忽视对其进行持续的监控和优化。市场环境和政策法规变化较快，企业需要根据外部变化和自身实际情况，对内部控制体系进行及时更新和改进。

内部控制体系的搭建不仅仅是企业对外合规的需求，更是企业实现可持续发展、提高市场竞争力的核心保障。通过对控制环境、风险评估、控制活动、信息与沟通、监控活动等方面的持续改进，企业才能够在复杂多变的市场中立于不败之地。

二、风险管理与盈利保障

风险管理的目标是通过科学系统的方法，识别、评估和应对潜在的经营和财务风险，从而确保企业稳健经营。企业在转型升级过程中，遇到了多重挑战，例如金融市场的波动、产业链的不稳定和政策的变化。

针对这些风险，企业需要建立有效的内部控制机制，保障盈利的可持续性。风险管理是企业盈利的护航者，其核心是将不确定性控制在企业可承受范围内，并通过合理的策略确保企业盈利能力的稳定。

★风险管理的关键策略

关键策略	具体内容
建立全面的内部控制体系	企业的内部控制体系是确保业务流程顺利进行的基石。一个高效的内部控制系统可以帮助企业及时发现和应对各种潜在风险。
多层次的风险预警机制	风险预警是风险管理的重要组成部分。通过定期的数据分析和市场监测，企业可以在早期发现潜在风险。

关键策略	具体内容
灵活的财务管理和资本配置	资金流动是企业运营的血脉，高效的财务管理和资本配置可以帮助企业应对风险，保障现金流稳定。
建立风险管理文化，增强员工风险意识	企业的风险管理不仅需要制度保障，还需要将风险管理理念融入公司文化，使员工在日常操作中主动防范风险。

T公司作为中国领先的生活服务电商平台，在扩展业务的过程中也面临了诸多风险。尤其是在平台交易量不断增加的同时，T公司需要处理大量商户与消费者的信息及资金流动，信息安全和财务风险显得尤为重要。为此，T公司建立了一个强大的内部控制和风险管理体系。该体系通过数字化技术和信息加密措施，确保平台上的用户信息和交易数据的安全。

此外，在财务管理方面，T公司对资金流动进行实时监控，确保每一笔交易的合规性和安全性。通过与第三方支付平台的合作，T公司在资金交割方面进行了风险隔离，这使得平台能够有效地控制财务风险，避免因为资金管理不当而影响盈利水平。与此同时，T公司还建立了风险预警机制，在数据异常时立即触发预警，从而保障企业的运营稳定性和盈利能力。

★盈利保障的实现路径

1.动态调整策略，保持市场竞争力

企业需要根据市场环境的变化灵活调整策略，以应对不确定性。国内的市场环境变化快，消费需求也在不断升级，因此企业必须通过创新保持竞争力。

2. 建立风险分担机制，降低经营压力

风险分担机制是现代企业分散风险的有效手段。在供应链管理中通过与供应商建立合作伙伴关系，共同应对市场变化带来的不确定性。

风险管理在企业的可持续盈利中发挥了至关重要的作用。通过构建全面的内部控制体系、实施多层次的预警机制、合理配置财务资源以及建立风险管理文化，企业不仅能够在市场波动中保持稳健，还能将不确定性转化为竞争优势。

随着企业规模的扩大和市场竞争的加剧，风险管理的重要性愈加突出。优秀的风险管理不仅是企业规避损失的工具，更是提升企业盈利能力的关键。

第五章
资源整合的盈利模式

资源整合的盈利模式是指企业通过将内部和外部资源进行高效整合，以实现更大的经济效益和竞争优势。

资源整合的核心在于通过协同效应，优化资源的使用效率，减少浪费，最终提升企业的盈利能力。

这种方式通常涉及将企业自身的核心资源、技术、品牌、渠道等与外部资源（如合作伙伴的资金、市场、技术或专利）进行有效结合，从而实现双方乃至多方的共同利益。资源整合与盈利的关键要素包括资源整合方式、协同效应和成本效益优化。

通过资源整合，企业不仅能够增强产品和服务的差异化，还可以扩大市场份额，提高品牌知名度，从而带来更高的收入与利润。

第一节　资源配置与价值最大化

资源不仅仅是资金和物资，更包括人力、技术、信息和时间等多维要素。如何优化这些资源的配置，以实现价值最大化，是每个企业在发展过程中面临的重要课题。随着数字化转型的加速，企业需要借助新技术手段，重新审视和优化资源配置方式，以适应不断变化的市场需求。

一、如何通过有效配置资源提升收益

企业资源主要分为以下几类：资金、人力、信息和渠道资源。以"逆向盈利"的方式来看，配置这些资源时不仅关注短期收益，更要放眼中长期内的潜在价值。

企业不仅可以通过高效的资源组合实现利润最大化，还可借此获取竞争对手难以模仿的核心优势。

以国内的某鞋类企业为例，这家公司通过对终端资源的把持，实现了对市场的深度控制。该企业凭借庞大的实体零售网络，迅速覆盖消费市场，构建出具有竞争壁垒的渠道体系，从而在鞋类市场中占据了较高份额。

这种终端资源的整合不仅赋予了该企业强大的市场议价能力，也让其在成本上获得了显著的优势。因此，企业在整合资源时要抓住可以产生垄断或专属影响力的关键资源，从而在市场中占据主动。

资源配置的核心在于追求资源价值最大化，而合理分配资源就是在确保企业正常运作的前提下，通过最优分配来实现资源的增值。

例如，许多企业将资本注入高增长市场或新兴项目，而在人力和信息资源上则引入更精细化的管理方式，以此提升资源的利用效率。合理分配资源不仅确保了企业的高增长，还进一步为其业务组合创新提供了可能性。

在资源配置过程中，企业需不断监测市场变化，并根据实际情况灵活调整资源的投入方向。

在这种动态调整中，资源配置不仅仅关注企业自身的成长，而是结合市场的需求和竞争环境，优化资源结构，实现利润的长期可持续增长。

例如，DE 企业依赖驴皮这种上游核心资源，构建了其他同类企业难以触及的竞争壁垒，不仅保持了价格优势，也让公司在面对市场变化时具备了较强的抗风险能力。

通过资源整合和协同可以实现利润的最大化。资源整合不仅在内部，也包括外部的合作。例如，企业可以通过与不同领域的公司合作，获取互补的资源，以此强化自己的市场竞争力。

以国内共享单车行业为例，某些企业通过与支付平台合作，使用户可以更便捷地使用单车服务。这种资源整合不仅提升了用户体验，还通过共享支付数据，扩大了企业的潜在用户池，进一步提升了收益。

在资源配置过程中，创新同样是企业提升收益的重要手段。例如，众筹和预售作为新兴的资源配置方式，通过资源的提前获取，将未来收益提前变现，不仅可以扩大企业的现金流，还能为后续产品的创新与推广提供资金支持。

HB、JB 等工具就是利用这种创新资源整合的典型案例，通过金融产品与电商平台的结合，将潜在的消费市场转化为现有收益。

此外，在当下"资源即服务"的理念下，企业可以通过资源的循环利用和价值放大，进一步提高资源的回报率。

例如，某些科技公司通过资源的"即用即付"模式，将技术资源开放给中小企业，既实现了资源的最大化利用，又降低了中小企业的成本，为双方带来了双赢的局面。

高效的资源配置不仅追求收益最大化，还需具备对风险的防控能力。企业可以通过分散风险、优化资源组合，确保即便在市场环境发生较大波动时，也能保持稳定的盈利能力。

资源配置是企业实现利润最大化的关键，而资源的合理配置、动态调整以及创新利用，不仅能帮助企业在市场中占据更大的份额，也能确保企业在不确定的环境中保持较高的收益水平。

二、资源整合在盈利中的战略作用

资源整合是指企业在经营过程中，通过有效地配置和组合各种资源，以达到最优的经济效益和社会效益。其不仅包括物质资源的整合，还涵盖人力资源、信息资源、技术资源和资金资源等的有效配置与利用。

通过有效的资源整合，企业能够实现价值最大化，提升市场竞争力，从而在激烈的市场竞争中脱颖而出。资源整合的重要性体现在以下几个方面：

重要性	具体内容
提高资源利用效率	通过整合，企业能够最大限度地发挥各类资源的潜力，避免资源的浪费。 例如，企业可以将闲置的设备或人力资源重新配置到高需求的项目中，提高整体的运营效率。
增强创新能力	整合不同类型的资源可以促进信息和知识的共享，激发创新思维和灵感。企业能够通过跨部门合作，结合各自的优势，推出更具市场竞争力的新产品或服务。
提升市场反应速度	在快速变化的市场环境中，企业能够通过资源整合，快速调整战略，及时响应市场变化。这种灵活性有助于企业在竞争中抢占先机。

A不仅仅是一家电商公司，它通过整合AL、ZF、CN等多个子公司，形成了一个综合性的商业平台。通过这种资源整合，A公司能够为商家提供全方位的服务，从线上销售到物流配送，再到支付结算，极大地提升了商家的运营效率和客户体验。

资源整合的理论基础主要源于资源基础观和价值链理论。

1.资源基础观

该理论强调企业的竞争优势来源于其独特的资源和能力。

企业应通过整合和优化内部资源，实现可持续的竞争优势。有效的资源整合不仅可以降低成本，还能提高产品或服务的独特性，进而增加市场份额。

2.价值链理论

价值链理论认为，企业的价值是通过一系列的活动和过程创造的。

通过整合上下游资源，企业可以优化其价值链，提升每个环节的效率，从而实现整体利润的最大化。

例如，制造企业可以通过与供应商的紧密合作，降低采购成本，同时与渠道商合作，提升产品的市场占有率。

随着市场竞争的加剧，资源整合将成为企业不可或缺的核心竞争力之一。通过有效整合各类资源，企业能够提升运营效率，增强创新能力，快速响应市场变化，从而实现盈利最大化。

第二节　跨行业资源整合

跨行业资源整合不仅涉及资金、技术和人力的共享，还包括经验、知识和市场渠道的互补。企业能够借助外部资源，实现快速响应市场变化，满足客户多样化的需求。此外，整合的过程也能够推动行业间的合作与共赢，形成协同效应，进而提高整体市场竞争力。

一、跨行业合作的盈利新途径

随着市场需求的多样化和技术的进步，消费者的需求已不再局限于单一行业的产品或服务。这为企业提供了跨行业合作的契机。通过与其他行业的合作，企业可以共享资源、扩展市场，并降低运营成本。

★跨行业合作的主要意义在于：

意义	具体内容	案例
资源整合	通过整合不同的资源，企业可以优化配置，提高效率。	例如，酒店与旅游公司合作，可以为客户提供一站式服务，提升客户体验。
市场拓展	跨行业合作有助于企业进入新的市场领域，获取更多的客户群体。	例如，传统零售企业可以与电商平台合作，借助其线上流量提升线下销售。
创新发展	跨行业合作可以激发创新，推动新产品和新服务的开发。	例如，汽车制造商与互联网公司合作，推动智能汽车的发展。

案例：HE 企业与互联网公司的跨界合作

HE 企业在其"人单合一"模式下，积极与互联网公司合作，推出了智能家居产品。通过与互联网平台的整合，HE 企业能够实时获取用户需求，快速调整产品策略，提升产品附加值。这种跨行业合作不仅增强了 HE 企业的市场竞争力，也为其开辟了新的盈利空间。

尽管跨行业合作带来了诸多机遇，但在实际操作中，企业仍面临一些挑战：

1. 文化差异

不同企业之间的企业文化、管理风格差异可能导致合作障碍。企业应加强沟通，寻求共同的价值观和目标。

2. 利益分配

在跨行业合作中，利益分配问题常常成为双方争议的焦点。企业应在合作初期就明确各方的利益分配机制，确保合作的公平性。

3. 市场风险

跨行业合作可能面临市场需求变化带来的风险。企业应进行市场调研，制定应对策略，以降低风险。

跨行业合作为企业创造了新的盈利途径，能够有效整合资源，拓展市场，提高创新能力。这种新型的盈利模式不仅推动了企业的转型升级，也为整个经济的高质量发展贡献了力量。

在这一过程中，企业的领导者需要具备跨行业思维，善于捕捉合作机会，以实现共赢局面。

二、资源共享模式的创新

资源共享模式是指不同企业或组织之间通过合作与整合，将各自的资源（包括资金、技术、信息、客户等）进行有效配置，以实现资源的最优利用和利益的最大化。

这种模式不仅降低了企业的运营成本，还提升了市场响应速度与客户满意度。在经济全球化和数字化转型的背景下，资源共享成为企业创新的重要推动力。

案例：共享办公空间的崛起

近年来，中国的共享办公空间如雨后春笋般涌现，这些企业通过提供灵活的办公空间，吸引了大量初创企业和自由职业者。在这种模式下，多个公司可以共享同一办公场所及设施，从而降低了企业的运营成本。

共享办公空间不仅是资源的共享，也是企业文化和社交网络的共享。不同背景和行业的公司在同一空间中工作，促进了跨行业的合作与创新。

例如，一家科技初创企业的研发人员可能会与一家设计公司进行交流与合作，从而碰撞出新的创意和商业机会。

资源共享模式的创新不仅仅依赖于实践经验，还需要坚实的理论基础。以下是两种相关理论：

1. 资源基础观（RBV）

资源基础观强调企业的竞争优势来源于其独特的资源和能力。在资源共享模式下，不同企业通过整合各自的核心资源，能够实现优势互补，从而形成更强的市场竞争力。

这种理论为资源共享模式提供了坚实的理论支持，解释了为什么企业愿意跨行业合作以实现资源的优化配置。

2. 网络效应

网络效应是指产品或服务的价值随着用户数量的增加而增加。在资源共享模式中，当更多的企业和用户参与进来，平台的价值也随之增加。

例如，某打车平台的用户越多，司机的数量也会增加，从而提升服务的效率与质量。这种双向的网络效应进一步促进了资源共享的创新。

尽管资源共享模式为企业带来了许多优势，但在实际操作中也面临着一些挑战：

1. 信任与合作的建立

跨行业合作往往涉及不同文化、管理模式和利益的平衡。如何在不同企业之间建立信任关系，确保信息的安全与保密，是资源共享模式成功的关键。

2. 法规与政策的限制

政府在推动共享经济发展方面出台了一系列政策，但仍存在法律法规滞后于市场发展的情况。例如，汽车共享服务在某些城市仍面临政策限制，这对资源共享模式的推广形成了障碍。

资源共享模式的创新为企业提供了一个全新的视角来应对市场竞争与挑战。随着跨行业资源整合的成功案例不断增多，企业应当重视资源共享模式的潜力，通过合作与创新，实现资源的最大化利用和盈利能力的提升。

第三节　外部合作与联盟

在技术革新和客户需求日益多样化的背景下，单一企业往往难以独自应对复杂的挑战。通过与其他企业、机构或行业合作伙伴建立战略联盟，才能够更有效地整合资源、共享风险，进而实现价值的最大化。外部合作不仅能够拓展市场渠道，还能促进创新思维的碰撞。在这一过程中，各方可以互补优势，通过共同研发、联合营销等方式，提升产品与服务的竞争力。

一、如何通过战略合作提升盈利能力

战略合作是指两个或多个组织为了实现共同的目标，在资源、技术、市场等方面进行深度合作。合作的形式多种多样，包括技术合作、资源共享、联合营销等。理论上，战略合作可以带来以下几个方面的收益：

收益	具体内容
资源共享	企业可以与合作伙伴共享设备、技术和信息，从而降低运营成本。
风险分担	在新市场开发或新产品推出时，合作伙伴可以分担风险，降低单一企业的负担。

收益	具体内容
市场拓展	通过与已有市场的合作伙伴合作，企业可以迅速进入新的市场领域，提升市场份额。
创新能力提升	合作能够激发创新，通过不同企业之间的技术交流与融合，促进新产品的研发和市场推广。

A 公司通过与 CN 公司的合作，推动了物流行业的升级。CN 公司作为 A 公司的物流平台，致力于构建全国范围内的物流网络。在这一战略合作中，A 公司不仅共享了自己的用户数据，还通过 CN 公司实现了对物流资源的优化配置。

这种资源整合不仅提高了物流效率，还大幅地降低了运输成本，为 A 公司的电商业务提供了强有力的支持。要想通过战略合作提升盈利能力，企业需考虑以下几个方面：

考虑方向	具体内容
明确合作目标	在建立合作关系之前，企业需要明确合作的目标是什么，双方能实现的共同利益，确保合作的方向一致。
选择合适的合作伙伴	选择合适的合作伙伴是成功合作的关键。企业需评估潜在合作伙伴的资源、技术、市场能力，确保双方能够互补短板。
建立良好的沟通机制	在合作过程中，企业应建立透明的信息沟通机制，及时共享各自的市场反馈和业务数据，以便进行实时调整。
制定合理的利益分配机制	合理的利益分配机制能够激励双方积极参与合作，提高合作的积极性和长期稳定性。
关注合作效果评估	在合作过程中，企业应定期对合作效果进行评估，以判断是否达到预期目标，及时调整合作策略。

战略合作与联盟为企业提升盈利能力提供了有效途径。通过资源共享、风险分担和市场拓展，企业不仅能够在激烈的市场竞争中生存下来，还能够实现可持续发展。

随着市场环境的变化，企业应不断寻求新的合作机会，以增强其市场竞争力和盈利能力。通过上述案例可以看出，成功的战略合作需要明确的目标、合适的伙伴和有效的沟通机制，这将是企业实现长远发展的重要保障。

二、合作伙伴关系的建立与维护

合作伙伴关系是指两个或多个企业之间基于共同利益而建立的长期关系。这种关系通常包括资源共享、信息互换和共同开发市场等方面。

与简单的买卖关系不同，合作伙伴关系强调的是互利共赢的理念，目的是为了在激烈的市场竞争中获得更大的生存与发展空间。

H公司作为全球领先的通信设备制造商，在与各大运营商的合作中取得了显著的成功。H公司与运营商的合作关系，不仅使得H公司在国内市场站稳了脚跟，也使得运营商在网络基础设施的建设和技术创新上得到了极大的提升。双方通过资源的共享与整合，实现了双赢局面。

1.资源共享

H公司为运营商提供了先进的通信技术和设备，而运营商则提供了广泛的市场渠道和客户基础。通过这种资源的有效整合，H公司能够快速进入市场，同时降低了推广成本。

2. 技术协同

在 5G 技术的发展中，H 公司与运营商进行了深度的技术合作，共同开展 5G 试点项目。通过技术上的协同，双方不仅推动了 5G 网络的快速建设，还为未来的业务拓展打下了基础。

3. 市场反馈

通过与运营商的密切合作，H 公司能够及时获得市场反馈，迅速调整产品策略。这种灵活的反应能力使 H 公司能够在竞争中保持领先地位。

建立和维护有效的合作伙伴关系并非易事，需要企业在多个方面下功夫。

1. 明确合作目标：

在建立合作关系之前，双方需要明确合作的目标与期望。

这不仅包括经济利益的分配，还应考虑到双方在技术、市场和品牌等方面的协同效应。

2. 建立信任关系：

信任是合作关系的基础。企业需要通过透明的信息交流和诚信的行为，来建立和维护合作伙伴之间的信任。

这种信任关系不仅有助于避免误解与冲突，还能在合作中增强彼此的依赖感。

3. 定期沟通与评估：

在合作过程中，企业应定期进行沟通与评估，以确保合作目标的实现。

这种评估不仅要关注经济效益，还要关注技术进步、市场开拓等方面的成果。通过定期的沟通，双方能够及时发现问题并进行调整，避免合作关系的恶化。

4.灵活应变：

市场环境是不断变化的，企业在合作中应具备灵活应变的能力。

通过建立灵活的合作机制，企业能够根据市场需求的变化，迅速调整合作策略，从而保持竞争优势。

通过有效的合作伙伴关系，企业不仅能够整合资源，提升市场竞争力，还能在激烈的市场环境中实现可持续发展。因此，企业在建立和维护合作伙伴关系时，需重视目标的明确性、信任的建立、沟通的频率以及应变的灵活性，以确保合作的顺利进行，实现共赢的目标。

第四节 人力资源与组织能力建设

人才不仅是企业的核心资产，更是推动创新和提升效率的关键因素。有效的人力资源管理能够帮助企业吸引、培养和留住高素质的人才，从而增强组织的整体竞争力。另一方面，企业需要不断评估和调整其内部流程，以适应市场变化，提升反应速度。

一、高效团队的资源管理

资源管理是指对人力资源、物质资源和财务资源的有效配置和使用，以达到组织目标的过程。

在高效团队中，资源管理尤为重要，因为它直接影响团队的工作效率和产出。有效的资源管理可以帮助团队减少浪费、降低成本，并提升整体绩效。

以下是高效团队的特点：

1.明确的目标与角色分工：高效团队通常有明确的目标，每个团队成员都清楚自己的职责和期望。这样的分工能够减少重复劳动，提高工作效率。

2.良好的沟通：高效团队重视内部沟通，信息共享透明。团队成员之间能够自由交流，分享想法和反馈，从而快速解决问题。

3.资源的有效配置：高效团队懂得如何根据项目需求合理分配资源，包括人力、时间和资金。合理的资源配置能够确保团队在关键时刻具备所需的支持。

A公司作为中国大型的电子商务公司之一，其成功离不开高效的团队管理和资源整合。A公司在团队建设中采取了一些创新的方法，以确保资源的最佳利用。

★多元化团队构建：A公司通过建立多元化的团队来提高创新能力。公司鼓励不同背景的员工加入，从而在思想碰撞中激发创新。这种多元化不仅提高了团队的创新能力，也促进了对市场的全面理解。

★数据驱动的决策：A公司利用大数据分析团队的绩效和项目进展。通过数据分析，管理层可以清晰地看到资源的使用情况，并在必要时做出调整。

例如，在"双11"购物节期间，A公司会根据历史数据预测流量高峰，提前部署人力资源和技术支持，以确保平台的稳定性。

★持续培训与发展：A公司注重员工的职业发展，通过内部培训和外部学习机会提升团队的整体素质。公司为员工提供丰富的培训课程，帮助他们掌握最新的市场趋势和技术。这种持续的学习文化不仅提升了团队的能力，也增强了员工的忠诚度。

尽管高效团队能够实现良好的资源管理，但在实际操作中仍面临一些挑战：

1.资源短缺：在快速发展的市场中，企业常常面临资源不足的情况。应对这一挑战的方法是制定合理的资源规划，优先考虑关键项目，确保核心业务得到支持。

2.团队成员的流动性：高流动率可能导致团队的不稳定，影响资源的连续性。企业应建立良好的员工保留机制，增强员工的归属感和满意度，以降低流失率。

3.沟通障碍：跨部门的协作可能会导致沟通不畅。企业可以利用现代技术手段，如项目管理软件和即时通讯工具，促进信息共享与沟通。

高效团队的资源管理在企业的成功中扮演着至关重要的角色。通过明确目标、优化沟通和合理配置资源，企业可以提升团队的整体绩效，进而实现更大的商业成功。

二、如何通过人才管理推动盈利

企业的盈利能力不仅依赖于市场环境和产品品质，更加依赖于人力资源的有效管理。通过合理的人才管理，企业可以激发员工的潜力，提高工作效率，从而推动盈利。

1. 人才管理的意义

人才管理不仅是人事管理的延伸，更是企业战略的一部分。良好的人才管理可以帮助企业建立高效的团队，提升员工的忠诚度和满意度，进而降低人员流失率，节省招聘和培训成本。

企业在面临微利或无利期时，如何有效利用现有资源成为关键，而人力资源的管理恰恰是实现资源整合与盈利的重要环节。

2. 有效的人才招聘

企业的盈利能力往往与人才的质量密切相关。通过精准的人才招聘，企业可以确保选拔到适合其发展战略的人才。

比如，某公司在招聘时不仅看重应聘者的专业技能，还注重其价值观与企业文化的契合度。通过这种方式，某公司不仅吸引了大量优秀人才，还有效提升了员工的工作积极性和团队凝聚力。

3. 员工培训与发展

一旦企业吸引到优秀人才，如何进一步提升他们的能力和忠诚度则是接下来的重要任务。企业应定期开展培训和职业发展规划，为员工提供成长空间。

例如，H公司为员工提供全面的培训计划，包括技术培训、管理培训和职业规划指导。这样的做法不仅提高了员工的专业能力，也增强了他们对企业的归属感，从而推动企业的盈利能力。

4. 激励机制的设计

激励机制是人才管理中至关重要的一环。科学的激励机制能够有效调动员工的积极性，使其在工作中全力以赴。

例如，TX公司通过设立合理的绩效考核体系和多样化的奖励措施，激励员工努力工作并实现业绩的提升。这样一来，员工的业绩与企业的盈利直接挂钩，实现了双赢。

5. 营造良好的企业文化

企业文化对员工的工作态度和团队合作精神具有重要影响。通过营造积极向上的企业文化，企业可以激励员工在日常工作中发挥更大的创造力和责任感。

例如，某公司的企业文化强调开放与创新，鼓励员工分享创意并进行跨部门合作，这种文化促进了团队间的协作和资源的有效整合，最终推动了公司的盈利增长。

W公司在全球竞争激烈的市场环境中，始终坚持"人才第一"的战略，通过不断优化人才管理流程，提升企业的盈利能力。

首先，W公司重视内部培养，设立了完整的职业发展通道和培训体系，使员工能够不断学习和成长。其次，W公司建立了基于绩效的薪酬体系，将员工的薪酬与业绩紧密联系起来，激励员工追求卓越。此外，W公司还倡导自主创新的文化，鼓励员工大胆尝试新想法，这不仅提高了员工的积极性，也推动了企业的持续发展和盈利能力。

通过有效的人才管理，企业能够在日益激烈的市场竞争中立于不败之地。人才的合理招聘、培训与发展、激励机制的设计以及良好企业文化的营造，都是推动盈利的重要手段。随着企业在资源整合与盈利方面的不断探索和实践，人才管理将成为企业成功的关键要素。

第五节　人工智能在资源整合中的角色

在全球市场竞争加剧的背景下，人工智能已成为企业实现资源整合和利润增长的核心工具。通过智能化的数据分析与决策支持，企业能够更精准地识别市场需求，优化资源配置。

一、从数据到决策的高效资源整合

人工智能作为数据处理和分析的重要工具，已深入到企业管理的各个层面，从供应链到客户关系管理，再到产品开发和市场营销。通过数据转化，人工智能能够帮助企业从繁杂的信息中提炼出关键要素，为资源整合提供精准指导。

1.核心理论：信息价值链

信息价值链理论：指的是从数据采集到信息加工，再到知识应用，最终形成决策，这是一个连续且相互关联的过程。

在这一过程中，数据是基础，但仅有数据并不能创造价值。通过人工智能技术，数据被清理、整合和分析，形成有价值的信息，并进一步转化为可执行的指示，从而支持决策。

例如，在供应链管理中，传统方式通常依赖于人力经验，难以迅速应对市场变化。而 AI 通过预测分析模型，可以根据历史数据和实时信息，精准预测需求波动，帮助企业在库存管理和运输调度上做出更为科学的决策。

2. 从预测到执行

在资源整合过程中，AI 的最大优势在于其强大的预测能力和优化执行能力。具体来说，AI 技术通过深度学习和机器学习模型，不仅能够分析历史数据，还能实时感知市场变化，从而提前预警可能的风险并优化资源分配方案。

J 企业作为中国领先的电商平台，通过其自研的智能供应链系统，将 AI 技术深度嵌入到资源整合流程中。该系统能够实时分析市场需求、物流成本以及库存状态，自动生成最佳补货计划，甚至能够根据天气、节日等外部因素调整物流路径和仓储策略。这种数据到决策的高效整合，大幅降低了供应链的冗余，提高了资源利用率，为企业创造了更高的利润空间。

3. 数据整合的技术挑战与应对策略

尽管 AI 在数据整合中的表现卓越，但其应用也面临诸多挑战。其中，数据孤岛、数据质量和隐私安全是主要难题。

★数据孤岛

指的是不同部门或业务单元之间的数据无法互通，导致资源整合效率低下。为了解决这一问题，企业需要建立统一的数据平台，通过数据湖或数据中台技术实现跨部门数据共享。

★数据质量直接影响 AI 分析的准确性

数据采集过程中可能存在噪声、重复和缺失值等问题，需要借助数据清洗技术和标准化流程，确保数据的准确性和完整性。

★隐私安全问题

隐私安全问题则要求企业在使用数据时，必须遵守相关法律法规，如《中华人民共和国个人信息保护法》，同时采用数据加密、访问控制等技术手段，确保用户数据的安全性。

4. 从数据洞察到商业价值的转化

AI 技术的价值不仅仅在于其分析能力，更重要的是如何将数据洞察转化为具体的商业价值。

企业在利用 AI 时，需要在以下几个方面发力：

★精准营销

通过用户数据分析，AI 能够描绘出更为详尽的消费者画像，帮助企业实现个性化推荐，提高营销效率。

例如，A 公司的"千人千面"技术，通过实时分析用户行为，为不同用户推送个性化的商品和服务，提高了转化率。

★运营优化

AI 可以对企业内部的运营流程进行深度分析，发现瓶颈并提出优化建议。

例如，HE集团通过AI优化其生产线，显著提升了生产效率，同时降低了能源消耗。

★创新产品开发

借助AI分析市场趋势和用户反馈，企业可以快速识别未被满足的需求，从而开发更具竞争力的产品。

例如，X公司在其智能硬件开发中，就大量采用了AI分析用户使用数据，以不断改进产品性能。

二、提升资源利用效率的关键

在当前快速变化的商业环境中，资源利用效率直接决定着企业的盈利能力和市场竞争力。人工智能技术的深度应用，正在重新定义资源整合的方式，为企业在降低成本、提高效率和优化资源配置方面提供了全新的解决方案。

1.理论依据：资源基础观

根据资源基础观（RBV）理论，企业的竞争优势源于其拥有和整合独特资源的能力。这些资源包括有形资产（如生产设备、原材料）和无形资产（如数据、知识产权）。然而，仅拥有资源并不足以建立竞争优势，关键在于如何高效地利用和整合这些资源。

2.实践探索：人工智能与自动化的深度融合

人工智能在资源整合中起到"智慧大脑"的作用。以制造业为例，许多企业通过引入人工智能技术，优化供应链管理。与此同时，自动化技术通过设备自动化、流程自动化及决策自动化，进一步提升了资源利用效率。

以国内一家汽车制造企业为例，该企业采用自动化生产线，将车身焊接、喷涂和装配等流程实现全自动化，每辆车的生产周期缩短了30%，大幅提升了资源利用率。

3. 案例

中国某电商巨头是人工智能与自动化技术结合应用的典范。在物流和供应链管理领域，通过部署智能物流系统和自动化仓储设备，实现了高效的资源整合。其"亚洲一号"智能物流中心，配备了大量自动分拣设备、无人叉车和机器人臂，结合 AI 算法进行路径优化和任务调度。这种智能化管理使得其在购物高峰期间，能够在短时间内处理数亿件订单，订单配送效率领先于行业平均水平。

此外，还通过大数据分析优化仓储布局和库存管理。例如，根据历史销售数据和市场预测，AI 系统可以动态调整商品的分布和库存策略，将资源利用效率最大化。这一实践不仅降低了企业运营成本，也提升了客户满意度，为其长期盈利打下了坚实基础。

4. 技术驱动的资源整合创新

人工智能技术的持续发展，将为资源整合效率的提升带来更广阔的空间。未来，随着 5G 网络、物联网和边缘计算等技术的普及，企业将实现更实时、更精准的资源管理。

例如，通过物联网传感器实时收集设备运行状态数据，并结合人工智能进行预测性维护，企业能够提前发现潜在问题，避免生产中断，从而进一步提升资源利用效率。

　　此外，人工智能还将在企业跨行业资源整合中发挥更重要的作用。例如，通过跨行业数据分析和模式识别，AI 可以帮助企业发现潜在的合作机会和价值链优化空间，从而推动资源整合的深入发展。